KB135330

야전 군의관의 병영기록

파로호의
젊은 함성

야전 군의관의 병영기록

파로호의

젊은 함성

송창훈 지음

ksi 한국학술정보㈜

» 프롤로그

남자 셋만 모이면 군대 이야기가 나온다고 한다. 그 지긋지긋한 군대 적 이야기를 하고 또 하는 이유가 뭔가 말이다. 여자들이라도 곁에서 듣고 있노라면 자기들만의 무용담일 뿐이데, 거기다 군대에서 축구하던 얘기는 더 말해서 무엇 하겠는가!

나는 전역한 지 20년 만에 전에 근무하던 부대방문 행사에 참가한 적이 있다. 내가 근무했던 부대는 강원도 화천군에 위치한 3983부대로서, 나는 그곳에서 군의관으로 군복무를 하였다. 훈련이 고되고 힘들기로 소문이 났지만, 그곳에서 군복무를 한 전우들이 지금도 연락을 주고받으며, 전우애를 과시하고 있다. 지난 번 부대방문 행사 때는 지역 방송국에서 취재하여 TV에 방영이 되었다. 가족동반으로 행사가 치러졌는데, 참가한 전우들이 과거 현역시절을 회상하면서 눈물짓는 모습을 보고, 나 역시 감회가 컸다. 대한민국 남자들에게 군복무는 숙명과도 같은 것이다. 피할 수 없는, 가야만 하는, 아무도 즐거이 가기를 원치 아니하는 그런 곳이다. 그래서 주위에서는 나이가 지긋이 든 후에도 군대 적 꿈을 꾸는 것을 악몽이라고 말하는 분도 있다. 나도 전역 후 어느 날인가 꿈을 꾸는데 무엇인가 서류상의 착오로 다시 군복무를 해야 한다는 것이다. 꿈속에서 얼마나 놀라고 시달렸던지, 꿈인 줄 알고는 안도의 한숨을 내쉬었다. 군의관으로 비교적 편하게 군 생활을 했는데도 이러니, 더 힘들고 어렵게 군 생활을 한 분들은 어찌하겠는가? 이제 내 나이도 중년을 넘어서, 두 아들이 군복무를 앞두고 있는 처지가 되었다. 한반도의 상황이 평화통일이 되고, 군복무가 필요 없어진다면 얼마나 좋겠는가 하는 생각도 든다. 젊은 청년시절에 2~3년의 군복무는 한국이라는 특수한 상황이 주는 민족적, 국가적 숙명이다.

그런데 나에게 있어서만은 군복무가 예사로운 시절이 아니다. 어쩌면 나의 인생, 나의 삶 속에서 가장 자랑스럽게 생각하고 있는 부분이 있다면 그것은 바로 군복무 시절이다. 나의 사회적 신분이나 경력이나 또 어떤 다른 것도 군복무만큼이나 나의 자긍심에 불을 지피며 가슴 속에 자랑거리가 되는 것은 없다.

학교 졸업 후 인턴을 마치고, 군의학교에서 9주간의 군의훈련을 거쳤다. 육군 중위 임관 후 나는 ○○○특공연대 3대대 군의관으로 근무를 명(命) 받았다. 특공연대 군의관으로 2년을 근무하고, 대위

진급 후 춘천에 있는 통신부대에서 1년을 근무하여 도합 3년간의 군복무를 하였다. 나의 자긍심을 높여 주는 부분은 바로 특공연대에서 근무한 2년간의 군의관 생활이다. 그곳에서 나는 온갖 종류의 훈련들을 경험하였다. 이것이 전역 후 나에게 놀라운 긍지와 자부심, 일생 잊을 수 없는 추억들이 될 줄을 당시에는 생각하지 못했다. 이러한 느낌을 나만 가지고 있는 것이 아니었다. 함께 그곳에서 군 생활을 하였던 많은 전우들의 가슴 속에도 나와 같은 긍지와 추억과 감회가 서려 있다.

의대를 졸업한 해에, 인턴 시험도 낙방하고, 군의학교도 중퇴하고 나니 갈 곳이 없었다. 오산리 순복음 기도원에 가서 3일을 금식 기도하였다. 기도를 마치고 내려오니 땅 끝 해남병원에서 인턴으로 오라고 하였다. 해남병원에 가서 이비인후과 외래 진료와 응급실을 담당하는 일을 하였다. 군의학교 중퇴자는 다음 해 다시 입교를 해야 한다. 인턴을 마치고 다음 해 2월 군의학교에 다시 입대를 하였다. 이번에는 9주간의 훈련을 무사히 잘 마쳤다. 나는 현역 육군 중위로 임관을 하고, 특공연대로 배치를 받게 되었다. 그곳이 무엇을 하는 곳인지, 어디에 있는 곳인지도 모르고 함께 부대배치를 받은 동료 군의관 2명과 부대를 찾아갔다. 연대장에게 전입신고를 마치자 3대대 군의관으로 가라고 하였다. 당시 나는 막 결혼을 한 상태였다. 신혼시절 강원도에서 낯선 군복무가 시작되었다. 부대에 도착하자마자 특공부대의 훈련이 시작되었다. 그곳의 훈련은 내가 군의학교에서 받던 훈련과는 비교가 되지 않았다. 나는 나름대로 군의관으로서의 혜택과 권리를 누려야 한다고 생각하고 있었다. 군의관은 당연히 군의관의 본연의 업무를 해야 한다고 믿었다. 그래서 병사들이 하는 훈련을 같이 따라 한다는 것은 상상할 수 없었다. 군의학교에서 선배 군의관들이 와서 하는 얘기들이 모두가 군의관은 할 일 없이 지휘관과 바둑이나 두고, 병사들의 고충을 들어주며, 전방부대에 배치된 군의관들은 몸조심하면서 3년을 보내면 된다고 하였다. 이러한 사전학습에 힘을 얻어 특공부대에 부임하여 대대장에게 나의 이러한 요구를 건의하였다. 대대장은 나와 같은 날 3대대에 부임하신 육군 3사관학교 출신의 전형적인 군인이었다. 요즘도 가끔 연락을 주고받는데 대대장 권 중령님은 군인교회에서는 함께 신앙 생활하던 좋은 분이었다. 대대장은 모든 훈련에 앞장서서 병사들을 지휘하시는 그런 분이었다. 대대장이 함께 걷고, 함께 훈련하는데 군의관이라고 특별할 이유가 없었다. 대대장은 군의관도 예외 없이 모든 훈련에 참여하는 것을 원칙으로 하였다. 야전교범(Field Manual: FM)이라는 것이 있다. 대대장은 군의관에게도 특공부대 장교로서의 FM을 요구하였다. 나는 특공부대의 훈련에서 육체적인 한계를 느끼기 시작하였다. 건강문제가 아직 완전히 사라지지 않은 상태에서 특공부대 장병들과 함께 받는 강도 높은 훈련이 내게는 역부족이었다. 난생 처음 10Km 무장구보를 하다가 실신상태에서 업혀 들어오기도 하였고, 천리행군을 하다가 굴러오는 돌을 피하느라 넘어져 손에 부상을 입기도 하였다. 혹한기 훈련 중에는 병사 한 명이 죽고, 여럿이 심한 동상에 걸리기도 하였다. 막 결혼하여 군인아파트에서 신혼살림을 차렸지만, 나는 거의 매달 1주 혹은 2주씩 훈련을 나가서 야전 생활하느라 집을 비워야 했다. 아내는 그럴 때마다 광주 친정집에 내려갔다가 올라오곤 하였다. 나는 훈련이 힘들었다. 눈물이 났다. 수도통합병원으로 후송을 가서 입원하는 것까지 생각하기도 하였다. 그날도 나는 야간적응훈련 중이었다. 낮에는 잠을 자고, 저녁이 되면 일과가 시작되는데 일상의 모든 훈련이 밤에 진행되었다. 군의관에게는 소대단위 훈련을 감시·감독하는 감독관의 임무가 부여되었다. 나는 중위 계급장을 달고는 있었지만, 모든 것이 생소하였고 낯설기만 하였다. 신참 이등병과 다를 바 없었다. 소대병력의 침투 습격, 폭파, 도피 및 탈출 과정을 평가하는 일이 군의관에게 주어진 임무였다. 밤새도록 소대원을 따라다녔다. 소대장을 중심으로 소대원들이 반합 뚜껑에다 소주를 따라 마시면서 작전성공을 자축하였다. 육체적으로 힘든 것도 힘든 것이지만, 현재 내가 하고 있는 힘든 훈련의 의미를 알 수 없었다. 어느 군의관이 과연 나처럼 이런 일을 하고 있는 부대가 또 있을까 싶었다. 늦은 밤 군인교회를 찾아갔다. 군목과 군종병도 야간 적응훈련을 한다고 교회에 나와 있었다. 연탄불 위에 라면을 끓여 주었다. 뜨거운 라면을 먹으니 몸이 따뜻해지면서 어둡고 굳어진 마음이 녹는 듯하였다. 눈물이 흘렀다. 이때 데살로니가전서 5장 16 – 18절 말씀이 나에게 다가왔다. "항상 기뻐하라 쉬지 말고 기도하라 범사에 감사하라 이것이 그리스도 예수 안에서 너희를 향하신 하나님의 뜻이니라" 하나님께서 이 말씀으로 나를 권면하시는 것을 느꼈다. "창훈아 너는 항상 기뻐하라" 나는 동의할 수 없었다. "주님, 주님이 지금 저의 상황을 아시면서 기뻐하라고 하십니까? 억지로 기뻐한다고 됩니까? 주님 저는 울어도 속이 시원하지 않을 것 같아요" 성령님의 음성이 바로 들려왔다. "네가 항상 기뻐해야 할 이유가 무엇인지 아느냐?" 성령님은 내가 왜 기뻐해야 하는지를 말씀하시기 시작하였다. 그 말씀이 너무나 빨라서 나는 성경책 여백에다 빨간색 볼펜으로 막 받아 적었다. 성령께서 계속해서 "네가 기도해야 하는 이유가 무엇인지 아느냐?" "네가 범사에 감사해야 할 이유가 무엇인지 아느냐?" 하시면서 나에게 이 말씀을 풀어 설명해 주시는 것이었다. 하나님은 나에게 시골 논에서 벼가 익는 과정을 말씀해 주셨다. 나는 시골에서 자랐기 때문에 가을에 벼가 익어 가는 현상을 잘 알고 있었다. 비바람이 있어야 벼가 잘 자란다. 벼는 뜨거운 햇볕이 있어야 잘 영근다. 그저 시원선선하고 뜨겁지도 덥지도 않은 날씨에서는 낟알이 영글게 맺히지 않는다. 하나님은 현재 나에게 주어진 훈련의 과정이 장차 올 영근 열매, 좋은 열매를 위한 뜨거운 햇볕과도 같은 시간들임을 깨닫게 해 주셨다. 그리고 이 과정을 견디어 내고 승리하기 위해서는 쉬지 말고 기도해야 함을 말씀해 주셨다. 이 말씀은 혹한기 훈련 도중에 병사 한 명이 죽고, 수많은 병사들이 심한 동상에 걸려서 침울한 분위기에 있던 나에게 위로와 소망의 말씀으로 다가왔다. 나는 데살로니가전서 5장 16-18절 말씀을 의무실 책상 앞에 붙여 두고 이 말씀을 생각하면서 힘든 특공부대 생활을 승리할 수 있었다. 나는 지금도 찬송가 460장을 부르노라면 군 복무 시절 강원도에서의 특공부대 훈련들이 생각난다. '몸도 맘도 연약하나 새 힘 받아 살았네. 물 붓듯이 부으시는 주의 은혜 족하다' 주님은 군복무 시절 나와 함께 하셨다. 나의 연약함을 돌보시고, 나를 보호하시고, 인도하셨다. 주님의 은혜와 사랑, 그 은밀한 손길이 숨어 있던 강원도 화천군 간동면 오음리를 생각하면 나는 지금도 눈에서 눈물이 흐른다. 주님의 은혜가 가슴에 벅차오른다.

목 차

특공부대 군의관으로

I 특공부대 군의관으로

대구 국군 통합병원

의과대학 4학년 때였다. 만성간염의 진단을 받고 한 달간 병원에
입원하였다. 한참 임상실습과 국가고시를 준비해야 할 때 나는 한
달간 입원을 했고 퇴원 후에도 한두 달 동안 요양하느라 공부를 하
지 못했다. 결국 꿈에 그리던 전주 예수병원 인턴시험에 낙방하였
다. 다행히 국가고시를 통과하여 군의학교에 입대하였다. 대구 국
군 통합병원 내에 있는 군의학교(軍醫學校)에서는 군의 후보생들을
대상으로 일주일간의 건강검진을 한다. 만성 활동성 간염은 군복무
면제 대상이 되지 못했다. 군의후보 13기로 군의학교에 입대하였
다. 군의훈련은 대구에서 2주간의 교육을 마치고 나면 영천에 있는
3사관학교로 이동하여 그곳에서 6주간의 군사훈련을 받는다. 3사관
학교에서는 기초 군사훈련을 받게 되는데, 영천은 여름에 덥고 겨
울에 춥기로 소문난 곳이었다. 군사훈련장은 3사관학교의 주변 산

야에 흩어져 있었는데, 때로는 먼 길을 걸어서 이동해야 하는 훈련
도 많았다. 아직 건강을 회복하지 못한 나에게 6주간의 군사훈련은
감당하기에 힘든 일이었다. 결국 나는 3사관학교 의무대를 거쳐 대
구 국군 통합병원으로 후송되었다. 나 외에 두 명의 군의 후보생이
후송되었다. 우리 세 사람은 약 한 달간 대구 국군 통합병원에 입
원해 있다가 귀가 조치되었다. 군의학교를 중퇴한 것이다. 대구 국
군 통합병원에는 많은 환자들이 입원해 있었다. 우리가 입원한 병
동은 내과병동으로서 수십 명이 함께 입원하고 있는 대형 입원실
이 있고, 우리는 그 입원실 바로 곁에 작은 병실에 격리 입원되었
다. 군의후보 세 사람이 입원한 작은 병실에 얼마 후 해병대 장교
와 병사 한사람이 입원하였다. 그런데 해병대 병사가 우리 병실로
함께 입원하여 들어오자 그 해병대 병사에게 식사를 나르라고 자
기들끼리 실랑이를 하는 것이었다. 우리는 모른 척하고 있었다. 입
원하고 있던 근 한 달간 우리를 간섭하는 사람들은 없었다. 그러나
바로 옆에 큰 병실에 입원하고 있던 병사들의 상황은 달랐다. 매일
저녁 점호를 취했고, 점호 때면 큰소리를 지르며 군기를 잡았다.
우리가 있던 건물에서 바로 내려다보이는 아랫동 건물은 정신과
병동이었다. 저녁 점호시간이면 정신과 병동이 훤하게 불이 밝혀져
병실내부와 푸른 환자복을 입은 병사들 모습이 그대로 보였다. 그
런데 정신과 병동은 내과 병동보다 훨씬 분위기가 좋았다. 점호시
간이면 모두가 흥겹게 합창을 하였다. 군가를 부르는 것이 아니라
유행가를 박자에 맞춰 부르는데, 즐겁고 행복해 보였다. 환자들은
정신과 병동 앞을 지나다니기를 무서워하였다. 정신과 병동 환자들
이 붙잡고 괴롭히기 때문이다. 아무튼 그때 정신과 병동의 푸른 환

자복을 입은 병사들이 부르던 흥겨운 유행가 곡조가 아직도 귀에 들리는 듯하다. 내과 병동에서는 노래를 부르지 않았다. 대신 가끔씩 구타와 가혹행위가 있었다. 우리 병실 옆의 큰 병실에는 아마도 하사관이 같이 입원했던 것 같다. 그 하사관은 병실의 환자들에게 간혹 가혹한 벌을 내리기도 하였다. 한번은 밤에 너무나 시끄러워서 잠이 깼다. 그런데 선임 하사관이 밤늦게 들어와서 무슨 이유인지 병사들을 깨워 구타하고 있었다. 몽둥이로 때리는 소리, 아프다는 비명소리…… 왠지 모르는 분노가 일었다. 하지만 아무것도 할 수 없는 신분이었다.

우리와 함께 입원한 해병대 중위는 해병대 훈련이 얼마나 고된지 자랑삼아 얘기하곤 하였다. 입원한 지 한 달 후 우리는 퇴원과 함께 각자 집으로 향했다.

인턴자리를 찾아

군의학교를 중퇴하고 집으로 가게 되었다. 군의학교에서 지급받았던 군화며, 군복, 모든 개인 장비를 반납하고 나니 입을 옷도, 신도 없었다. 우리를 안내하던 장교가 가까운 시장으로 우리를 데리고 가서 신발과 가벼운 옷을 살 수 있도록 도왔다. 나는 가지고 있던 돈으로 운동화와 운동복 상하를 샀다. 군화와 군복 등이 가득 든 개인 더블 백을 반납하려고 하니, 동료의 더블 백에서 누군가가 군화를 바꿔치기 하였다. 군의학교에서 받았던 새 군화 대신 낡은 군화가 들어 있었다. 그 일로 내가 괜히 흥분하였다. 우리 짐을 들어

주던 키 큰 병사에게 어찌된 일이냐고 따졌더니 그도 화가 나서 뭐라고 하는데, 참 할 말이 없었다. 정작 군화를 바꿔치기 당한 동료는 가만히 있었는데 나 혼자 흥분하다가 본전도 못 찾은 것이다. 늦은 오후 고속버스에 몸을 실었다. 짧게 깍은 훈련병의 머리에, 운동화와 운동복 차림의 나…… 거기다 멀미하고 토하고 다시 기억하고 싶지 않았던 시간들이었다.

대구 국군 통합병원에서 근 한 달을 보내고 나니 3월도 후반으로 접어들었다. 젊은 날의 나의 장래가 조바심이 났다. 친구들은 군의학교에서, 병원에서 각자 제 길을 열심히 가는데, 나만 멈추어서 있는 것 같았다. 어디에서도 환영받지 못하는 기분이었고 주위에서도 안타까운 시선으로 나를 바라보고 있다는 생각이 들었다. 건강은 건강대로 미지수였고, 장래의 일도 미지수였다. 나는 이제 무엇을 해야 할 것인가?

어찌하든지 인턴을 마치고 싶었다. 학창시절부터 꿈에 그리던 소망이 인턴이었다. 학창시절 내내 마음속에 그리던 그림이 있었다. 수술 스크럽 모자를 쓰고 마스크를 한 인턴의 모습! 그 모습을 나는 얼마나 그리며 꿈꾸어 왔던가! 본과 1학년 때 친구와 함께 전주 예수병원을 다녀온 후부터 예수병원에서 수련받는 것이 나의 꿈이었다. 꿈속에서도 깨끗한 시설의 예수병원이 나타나곤 하였다. 본과 4학년 때 의사국가고시를 치르기 한 달 전 인턴시험이 있었다. 전주 예수병원에 응시하였다. 레지던트 수련 중이던 학교 선배들이 나와서 환영해 주었다. 그러나 4학년 한 해를 병마와 싸우던 나는 별로 공부를 하지 못했다. 결국 인턴시험에 탈락하고 말았다. 후기 인턴시험이 있었지만 남은 한 달 동안 국가고사를 준비하느라 인턴시험 공부는 엄두가 나지 않았다. 한 달 후 국가고사에 합격을 했고 군의학교에 들어가게 되었다.

군의학교 중퇴 후 나의 주치의였던 내과 교수님을 찾아갔다. 교수님은 내가 인턴을 하고 싶다고 하자 내 얘기를 들으시고 해남병원을 소개해 주셨다. 나는 교수님의 소개를 받고 해남병원을 찾아갔다. 원장님과 몇 분 과장님들이 교수님의 전화를 받고 나를 기다리고 있었다. 그러나 결과는 그렇게 좋지 않았다. 해남병원은 아직 인턴 수련병원으로 등록된 병원이 아니었다. 나는 연락처만 남기고 순천 집으로 돌아왔다. 갑자기 가슴 속에서 알 수 없는 오기가 올라왔다. 전국을 찾아 헤매면 까짓것 인턴자리 하나 못 구하겠나 싶은 생각이 들었다. 다음날 부모님께 말씀드리고 부산으로 향했다. 부산에는 친구 Y를 비롯해서 동기들 몇몇이 인턴을 하고 있었다. 그들을 만나서 자리를 알아보고자 하였다. 헛수고였다. 3월도 한참 지난 때라 이미 인턴 모집이 끝났고, 더구나 군의학교 중퇴자는 자리가 있다 해도 인턴으로 쓸 수 없다고 하는 야속한 답변마저 들었다. 부산시청을 방문하여 보건소 자리라도 있나 알아보았다. 오지(奧地)에 자리가 있기는 하나 잘 생각해 보라고 하였다. 친구 Y가 저녁에 호텔에서 미팅이 있는데 함께 가자고 하여 따라갔다. 부산 시내 다른 병원의 여자 인턴들과의 미팅자리였다. 그들은 맥주를 마시면서 춤을 추었다. 친구가 내 형편을 얘기하며 나를 소개하자, 여자 의사들이 안됐다는 반응이었다. 다음날은 마산으로 향했다. 여관에 숙소를 정하고 이곳저곳 병원으로 자리를 알아보기 위해 전화를 하였다. 마산 무슨 병원인지 응급실로 전화를 돌려주었다. 간호사가 말하기를 교통사고 환자가 많이 몰려와서 정신이 없다고 하였다. 수화기 너머로 응급실의 시끄러운 소리가 들려왔다. 집을 나올 때는 전국을 훑어서라도 인턴자리를 찾아보려 했는데, 이틀도 못되어 나는 지치고 말았다. 그때야 하나님이 생각났다.

오산리 기도원

하나님 어떻게 할까요? 하나님께 도움을 구하기에는 너무나 죄스러운 나의 모습이 아닌가! 나는 이미 신앙에서도 실패한 자였다. 나는 하나님께 범죄한 자요, 그래서 하나님께로부터 징계의 채찍을 맞은 자였다. 나는 하나님의 징계 아래서 고통하며 신음하는 자였다. 대학시절 하나님은 나를 캠퍼스 목자로 부르셨다. 대학생성경읽기선교회(UBF)에서 성경을 공부하고 신앙생활을 하면서, 하나님께서 나를 학창시절 목자로 부르시는 은혜를 깨달았다. "나는 대학캠퍼스의 목자다!"라는 긍지가 있었다. 매 주일 요회 모임에서는 성경말씀을 전하는 메신저가 되었다. 선교회 모임에서는 젊은 대학생 남녀가 이성교제 하는 것을 금(禁)한다. 이것은 불문율과 같은 이 모임의 규범이었다. 나는 이 부분에서 하나님께 범죄하였다. 한 그룹의 요회를 인도하는 요회 목자로서 나는 약대 다니는 지금의 아내와 사귀기 시작하였다. 남몰래 눈을 피해 교제를 하였다. 이때 하나님은 간염이라는 질병으로 나에게 회개를 촉구하셨다. 그러나 나는 깨닫지 못했다. 교제는 계속되었고, 요회 양들은 하나둘 흩어지기 시작하였다. 지도하시는 목자님에게 가서 결혼하겠다고 말씀을 드렸다. 본과 4학년 때였다. 목자님은 허락할 수 없다고 했다.

그렇게 할 경우 자신이 목자생활을 할 수 없다고 했다. 이해가 가지 않았다. 교제는 계속되었다. 4학년 봄, 벚꽃이 흐드러지게 만발하던 어느 날 나는 간염으로 조선대학교병원에 입원하였다. 입원기간 동안 할머니가 병실에서 나를 간호하셨다. 간 조직을 생검하는 날, 교수님은 시술에 따른 합병증의 위험을 알려 주셨다. 간 생검을 하는 동안 임상실습 나온 친구들이 보고 있는 가운데, 시술이 이루어졌다. 할머니가 복도에서 엎드려 기도하고 계셨다. 한 달간의 입원 후 집에 내려가 또 한 달 이상을 쉬었다. 의대 4학년인데 병마에 시달려 공부하지 못했다. 하나님은 그런 중에도 긍휼을 베푸시고 의사시험에 합격할 수 있도록 도우셨다. 그러는 동안 나는 지금 나의 아내가 된 자매와 결혼을 약속하는 사이가 되었다. 선교단체의 규범을 어겼다. 나에게는 죄의식과 죄책이 있었다. 졸업식 때 목자님의 얼굴을 차마 보지 못하고 결혼을 약속한 자매와 가족들과 사진을 찍었다. 나는 학창시절 쌓아 온 선교단체에서의 신앙의 탑이 무너지는 것을 느꼈다. 나는 죄인이었다. 그리고 군의학교로 간 것이다.

나는 하나님 앞에서 나의 죄를 자복하고 회개하는 시간이 필요하다는 것을 느꼈다. 그렇다! 오산리 금식기도원으로 들어가자. 나는 3일간의 금식기도를 작정하고 서울로 향했다. 여동생 진주가 보호자 겸해서 나를 동행해 주었다. 진주는 나보다 두 살 아래의 여동생으로, 대학시절 나의 인도로 UBF에 와서 성경을 공부하고 신앙이 돈독해졌다. 내가 기도원에 가서 금식기도를 한다고 하자 부모님이 동생더러 오빠를 동행하라고 하였다. 여의도 순복음 중앙교회 앞에서 버스를 타고, 오산리 기도원으로 갔다. 기도원에 처음 도착 후, 나는 그날이 특별한 행사가 있는 날인 줄 착각하였다. 노아의 방주처럼 생긴 커다란 건물 내부에는 무지하게 넓은 홀이 있는데, 홀에는 어림잡아 수천 명의 사람들이 운집해 있었다. 집회는 하루 네 차례 있었다. 새벽과 오전, 오후, 그리고 밤 집회였다. 매 집회 때마다 강사들이 바뀌면서 찬송과 설교가 그치지 않았다. 주로 잠은 작은 방으로 돌아와 여러 사람이 함께 자는데, 또 수많은 사람들이 그냥 홀에서 자면서 집회에 참석하고 있었다. 간염을 앓고 있던 터라 금식을 하자 저혈당이 왔는지 엄지손가락에 경련이 일었다. 나는 2박3일의 일정으로 매 집회에 참석하면서 회개의 시간을 가졌다. 기도원에 올라올 때는 다섯 가지나 되는 큼직한 문제를 안고 왔다. 건강문제, 군대문제, 직장문제, 결혼문제 ─ 당시 자매와 결혼약속이 있었지만, 군의학교 중퇴와 건강 등의 문제로 상황이 좋지 않았다. 그리고 실패한 신앙문제였다. 금식이 시작되면서 나는 이런 문제를 놓고 기도하는 대신 하나님께 철저히 회개하기 시작하였다. "하나님, 나는 당신의 것입니다. 나를 받아주십시오. 하나님, 나를 당신께 다시 드립니다. 나의 인생과 삶을 주관하여 주십시오." 하나님께 나 자신을 드리고 또 드리기를 계속하며 나의 죄를 회개하였다. 이때 하나님은 내게 말씀을 생각나게 하셨다. 하나님은 먼저 내게 그릇을 보여 주셨다. 그런데 그 그릇은 깨어지고 비스듬히 옆으로 기울어 있는 그릇이었다. 하나님의 손이 보였다. 하나님께서 나에게 복을 주시고자 하시는데, 깨어지고 기울어진 그릇으로 나는 받을 수가 없었다. 나는 깨달았다. 문제는 나에게 있는 것이다. 내 믿음의 그릇이 준비되면 하나님께서 내게 필요한 것들을 이미 준비하고 계신다는 사실을 알았다. 마태복음 6장 33절 말씀이었다. "너희는 먼저 그의 나라와 의를 구하라. 그리하면 이 모든 것을 너희에게 더하시리라" 내가 우선적으로 구할 것은 하나님의 나라와 하나님의 뜻인 것이다. 아직 산적한 나의 문제가 하나도 해결된 것은 없었지만, 이미 모든 문제가 해결된 느낌이었다. 건강문제는 일생 동안 믿음의 싸움을 해야 하는 것임을 알았다. 알 수 없는 기쁨이 샘솟기 시작하였다. 왜 기쁜지 나도 알 수 없었지만, 말 그대로 샘솟듯 하는 기쁨이 심령에서 넘치는 것이었다. 나는 이틀간의 금식 후 금식을 중단하였다. 기쁨이 왔기 때문이다. 오산리 금식기도원을 내려오는 버스에서 나는 기뻐서 찬송을 부르고 어쩔 줄 몰라 하는데, 동생은 무덤덤하였다. 동생은 기도원에서 금식기도에 열심을 내지 않고 사과며 이것저것 몰래 먹었다고 고백하였다. 친척집을 들르기 위해서 택시를 타고 가는데, 쉬지 않고 전도를 하였다. 사촌 고모네 집에 들러 보니 부적이 온 집안에 여기저기 붙어 있었다. 전에 교회를 좀 다닌 적이 있던 고모가 결혼하고 부적을 집안에 붙여 둔 것이다. 그런 고모를 위해서 뜨겁게 기도해 주었다. 외삼촌에게 인사하고 순천 집으로 내려갈 참이었다. 외삼촌댁에 들려서 인사하고 막 돌아섰는데, 50미터도 못가서 외삼촌이 부르는 소리를 들었다. "창훈아~ 전화 왔다" 해남병원에서 인턴으로 오라는 전화였다. 아니, 인턴수련병원이 아니라고 하더니 인턴으로 오라는 것은 무슨 말인고? 해남병원에서는 당장 와 달라고 하면서 군의학교 중퇴했다는 증빙서를 가져오라고 하였다. 나는 군의학교가 있는 대구를 향해서 밤기차를 탔다. 동생은 순천행 기차를 타고 집으로 내려갔다. 대구에 내리자 새벽이었다. 가까운 교회에 가서 새벽기도를 하였다. 아침밥을 사 먹고, 군의학교에

25

I. 특공부대 군의관으로

들러서 군의학교 중퇴증을 받았다. 그 길로 버스를 타고, 해남병원으로 향했다. 해남병원에 이르자 원장님은 보건복지부로부터 인턴수련병원으로 인정을 받았다고 한다. 나 한 사람을 위해서 수련병원 인가를 받는 데 300만 원이 들어갔다는 얘기도 해 주었다. 순복음 오산리 금식기도원에서의 기도와 회개는 나에게 기적을 가져다주었다. 나는 꿈에도 그리던 인턴이 된 것이다.

해남병원에서

해남 종합병원은 우리나라 가장 남단에 속한 지역에 위치하고 있다. 이곳에는 땅끝 마을을 비롯해 송호리 해수욕장 등이 있다. 해남 대흥사와 대둔산이 유명하다. 이곳에서 나의 임무는 인턴이었지만, 이비인후과 과장으로서 이비인후과 외래 진료를 하고 수술을 도와야 했다. 해남은 가장 남단에 있는 시골병원이어서 전문의를 구할 수 없었다. 그동안 대학병원에서 이비인후과 전공의를 파견하여 환자를 진료하고 수술도 하였는데, 그해부터는 대학병원에서 전공의 파견이 중단되었다. 해남병원 측에서는 마침 내가 인턴 자리를 구한다고 하자, 궁리 끝에 인턴수련병원으로 보건복지부의 승인을 얻어 낸 것이다. 그러나 의대를 이제 막 졸업한 나로서는 이비인후과 환자를 진료할 수 없었다. 그래서 두 달간 조선대학교 병원에서 이비인후과를 공부하기로 하였다. 조선대학교 병원 이비인후과 교수님의 배려로 병원에 숙소를 하나 배정받았다. 조선대학교 병원에서 두 달간 이비인후과 진료와 수술에 관한 것들을 배웠다.

같이 학교를 졸업하고 인턴을 하고 있는 동기들과 함께 인턴생활을 시작한 셈이다. 두 달간의 대학병원 수습 동안 나는 이비인후과 교수님의 특별한 배려를 받았다. 인턴신분으로는 분에 넘치게 개인 숙소를 배정해 주었고, 봄 학회를 참석하도록 하였다. 마침 이비인후과 춘계 학회가 부산 코모도호텔에서 열렸다. 나는 당시 레지던트들과 함께 생애 최초 인턴자격으로 학회를 참석한 것이었다. 두 달간의 수습기간을 마치고 6월부터 해남병원에서 인턴 겸 이비인후과 과장으로 일을 시작하였다. 낮에는 이비인후과 외래진료를 하였다. 대학병원에서 두 달간 배운 실력으로 환자를 진료하고 수술이 필요한 환자의 수술 스케줄을 잡았다. 그리고 매주 수요일이면 대학에서 이비인후과 교수님이 오셔서 온종일 수술만 하였다. 수요일 하루에 다섯 명에서 일곱 명을 수술하였다. 대학병원에서 하는 수술의 대부분을 그곳에서 하였다. 대학병원 과장인 교수님이 수술을 끝내고 광주로 올라가면 나는 수술환자를 관리하였다. 날마다 수술부위 드레싱과 오더(order)를 내리고, 수술환자의 수술 전 처치와 수술 준비를 하였다. 나의 임무는 또 있었다. 응급실 야간 당직 근무였다. 해남은 시골이고, 해남병원은 그 지역에서 유일한 종합병원이라 많은 환자들이 왔다. 응급실에는 주로 농약중독환자, 교통사고 환자를 비롯하여 심각한 환자들이 많았다. 해남병원에 도착한 첫날이었는데, 밤에 교통사고 환자 다섯 명이 응급실로 옮겨왔다. 팔다리가 부러진 끔찍한 사고를 당한 환자들이었다. 나는 대학병원에서 이비인후과 외에는 배운 것이 없었다. 대학 4학년 때는 투병하느라 응급실 실습을 하지 못했다. 해남병원에 온 첫날 교통사고로 죽어 가는 환자를 다섯 명이나 받고 보니 나는 무엇을 어떻게 해야 할지 몰랐다. 병원의 모든 의료진들이 투입되어 바쁘게 환자를 응급처치하고 있을 때 응급실 이쪽 끝에서 저쪽 끝으로 그냥 왔다 갔다 하고 있는 나 자신을 발견하였다.

응급실을 담당하고 점차 시간이 흐르면서 나는 많은 환자를 경험하게 되었다. 대학병원 인턴이라면 꿈도 꾸지 못할 일들을 의사가 귀한 그곳에서는 다양하게 경험할 수 있었다. 시골이라 농약을 마신 환자들이 심심찮게 온다. 이럴 때는 위세척이라고 해서 환자의 위에다 튜브를 넣고 끊임없이 물로 씻어 내야 한다. 간질환과 위궤양으로 인한 토혈을 구분하는 법도 알았다. 자궁외임신으로 전신이 창백한 환자에게 정맥절개(Cut Down)하는 것은 일상으로 할 줄 알았다. 한번은 환자의 기관절개를 도운 적도 있다. 일반적으로 기관절개(tracheostomy)는 이비인후과 고년차 전공의나 흉부외과에서 시술하는 어려운 수술이다. 그런데 그날은 내과 전문의가 시행하다가 나에게 도움을 요청하는 것이었다. 삽관용 금속튜브를 힘껏 절개된 기관지에다 삽입하였다. 환자의 호흡이 금방 좋아지기 시작하였다. 응급실에는 이비인후과에서 흔히 사용하는 술기(術技)를 요하는 경우도 있었다. 동전을 삼키고 목에 걸려서 오는 아이들은 폴리 카데터를 식도에 넣은 후 풍선을 부풀게 하여 잡아채면 동전이 목구멍에서 나온다. 이때, 동전이 나오면서 기도를 막는 일이 없도록 주의해야 한다. 한번은 정신장애 청년이 집에서 쓰는 바늘을 삼켰다고 응급실로 왔다. 사진을 찍어 보니 목에 길고 가는 바늘이 가로로 박혀 있었다. 난감하기 그지없었다. 그런데 헤드 미러러를 쓰고 목구멍을 살펴보는데 순간적으로 금속의 반짝이는 빛이 보였다. 바늘 끝이 보였던 것이다. 겸자를 이용하여 바늘을 뽑아

주었더니 고통 하던 청년은 머리가 땅에 닿도록 허리를 굽혀 절을 하는 것이었다.

잊을 수 없는 사연도 있다. 한 40대의 여자환자가 논에서 모를 심다가 쓰러져서 응급실로 실려 왔다. 고혈압이 있었던 이 여자는 뇌혈관 파열 때문인지 응급실에서 사망하였다. 열심히 심폐 소생술을 하였지만, 이미 싸늘한 주검으로 변했다. 시신을 앰뷸런스에 싣고 여자의 집으로 가는데, 이런 경우 내가 앰뷸런스에 함께 타고 동행하는 경우가 많았다. 해남에서도 남쪽으로 한참을 내려가니 논 가운데 마을이 나왔다. 그 여자의 집은 마을에서도 가장 가난한 작은 초가집이었다. 여자 혼자서 어린 아이들 넷을 키우고 있었다. 그런데 엄마가 논에서 일하다 아이들만 남겨 놓고 죽은 것이었다. 환자의 시신을 앰뷸런스에서 내려서 오두막집 방 안으로 옮겨 놓고 떠나려는데 집에는 몇몇 가까운 동네 사람들과 어린 아이들만 옹기종기 모여 있는 것이다. 가장 큰아이가 초등학교 4~5학년쯤 되어 보였다. 영문을 모르는 아이들은 놀란 모습이었다. 아이들을 데리고 엄마의 시신이 놓인 방으로 들어갔다. 상황을 잠시 설명해 주고는 함께 기도하자고 하고, 아이들을 위해서 기도하는데 그때서야 상황을 알게 된 아이들이 흐느끼기 시작하였다. 동네 사람들에게 아이들만 남겨 놓고 돌아오는 발걸음이 무척이나 무거웠다.

해남병원에서의 인턴생활은 낮에는 이비인후과 외래 진료, 밤에는 잦은 응급실 당직근무로 심신이 힘들었다. 병원에서는 나를 위해서 전용숙소로 병실을 하나 제공해 주었다. 그런데 어느 날 전두환 전 대통령이 해남을 방문하였는데 대통령을 위한 병실을 마련해야 했다. 결국 내가 전용숙소로 사용하던 병실을 비우고 며칠 동안 외래에서 생활해야 하는 상황에 처하게 되었다. 대학에서 오신 교수님이 나를 보고 고생한다며 위로를 해 주었다. 이무렵 어머니에게서 전화가 왔다. 전화를 받는데 울컥 울음부터 나왔다. 병원생활이 힘들긴 힘들었던 모양이다. 다행히도 전두환 전 대통령이 그 병실에 오지 않았다. 덕분에 내가 쓰던 방은 바닥에 새로운 모노륨이 깔리고 페인트칠을 하는 등 방 분위기가 새로워졌다. 그 후로는 할머니가 오셔서 나를 섬겨 주셨다. 나는 할머니의 헌신적인 사랑과 섬김을 결코 잊을수 없다. 해남병원에서 고생은 하긴 했지만, 나에게는 소중한 시절이었다. 항상 해남병원을 생각하면 나의 인턴시절의 소중한 추억과 시간들이 기억난다. 해남병원 원장님도 그런 나를 두고두고 후배들에게 자랑삼아 얘기하시곤 하였다. 내가 대학에 교수가 되었는데도 그때를 잊지 않으시고, 학생들이 그곳에 순회인턴으로 가면 내 얘기를 하신다는 것이다.

결혼, 그리고 군의학교

해남병원에서 인턴을 마치면서 결혼을 하였다. 2월 4일은 나의 결혼기념일이다. 그리고 2월 7일, 다시 군의학교에 들어가야 했다. 군의학교 중퇴자는 다음 해 다시 입교를 해야 한다. 딱 3일간의 신혼여행을 끝내고 입영한 것이다. 신혼여행은 부산 해운대로 갔다. 해운대가 생각난 것은 고등학교 2학년 때 수학여행 코스 중에 해운대를 가 본 적이 있기 때문이다. 우리는 그때 해운대에서 하룻밤을 자면서 밤바다를 거닐었다. 친구와 해운대 백사장을 걷는데 파도소리와 함께 해운대의 밤바다가 그렇게 서정적일 수 없었다. 부산은 나에게 야릇한 정서를 느끼게 한 곳이었다. 저녁 땅거미가 내려앉을 무렵에 우리가 탄 버스가 부산 시내로 들어갔다. 갑자기 어디선가 미국서부 영화에서나 보는 보안관의 멋진 의상을 입은 남자가 지프차를 타고 나타나더니 손짓하며 우리를 안내하는 것이었다. 우리는 마냥 신기하고 재미있어 하였다. 회색의 도시에 저녁안개가 자욱한데, 이슬비가 내리고 있었다. 우리는 불 켜진 용두산 공원을 둘러보았다. 부산의 첫인상이 내게 매우 인상적이었다. 해운대의 한 숙소에 들어갔다. 가을이라 추운 밤이었는데 우리 방에 이불이 부족하였다. 친구들과 그냥 웅크리고 자던 추억, 철썩이던 밤바다의 파도소리, 파도를 피하다가 물에 젖은 운동화, 운동화의 모래를 털던 추억들…… 나는 고등학교 수학여행의 추억에 끌렸던지 신혼여행지를 해운대로 결정하였다. 그리고 해운대에서만 3일간 지내다가 집으로 돌아왔다. 다음 날 아침 입영을 위해 순천에서 대구행 버스에 올랐다.

대구 군의학교에는 전국 의과대학에서 군의후보생들이 모여 든다. 이곳은 군의(軍醫)라는 이름으로 의사들이 모이는 소통과 교류의 장(場)이다. 이제 갓 의과대학을 졸업하고 온 후보생들은 주로 공중보건의(公衆保健醫)로 가게 된다. 인턴을 마치고 온 후보생들은 거의 전방 전투부대의 군의관으로 임명된다. 전문의를 막 취득한 군의후보생들은 사단급 군의관이나 국군병원의 전문 과목 군의관으로 배치된다. 하지만, 전문의들 중에 상당수가 공중보건의로 배치되는 경우가 있었다. 이러한 분류는 3주간의 군의학교 교육과 6주간의 3사관학교 군사훈련을 마치고 장교임관을 하면서 이루어졌다. 공중보건의(公衆保健醫)로 가는 경우는 장교임관과 동시에 예비역으로 편입되어 발령을 받는다. 대구 군의학교에서는 주로 이론교육을 받게 되는데, 입영 후 2주간의 교육과 3사관학교의 6주 군사훈련을 마치고 1주간의 임관 및 배치를 기다리는 시간이 있었다. 군의학교에 입영한 시기가 2월 초이기 때문에 한참 추운날씨였다. 아침 여섯시에 일어나 군의학교 연병장에서 점호를 취하는데, 아직 해가 뜨기 전이라 캄캄한 시간이었다. 군의학교의 내무반 건물 위로 새벽마다 우뚝 솟은 굴뚝에서 하얀 연기를 내뿜는 모습이 눈에 어린다. 군의학교에서 첫 2주간 생활은 군인도, 민간인도 아닌 어정쩡한 분위기이다. 약 20여 명이 한 내무반을 사용하는데 각자의 출신대학과 수련병원들이 달라서 서로 많은 얘기를 나눈다. 전국의 사투리가 어우러지고, 수련과정을 마친 사람과 이제 막 의대를 졸업한 사람들이 뒤섞인다. 병원에서 수련 받는 동안에 의대생과 레지던트는 하늘과 땅 차이었는데, 군의학교에서는 동지요 전우가 된다. 우리들끼리의 호칭은 서로가 '선생'이었다. 내무반 사람들은 군의학교와 3사관학교 훈련을 거치면서 서로 간의 우정으로 깊어진다. 같은 중대에 있었다는 이유로 전역 후 의사로서 혹은 교수로서 생활하면서 그때의 친분을 기억하기도 한다. 서울의대 학장을 지낸 왕규창 박사는 나와 같은 중대에 속해 있었다. 그분은 우리 중대의 중대장 후보생이었다. 교수가 된 후 학회에서 만나 보니 세계적인 신경외과 학자인 것을 알게 되었다. 군의학교에 입영한 모든 후보생들은 대학졸업식 때 외출의 기회가 주어진다. 주로 학교에서 스쿨버스가 와서 대학별로 군의후보들을 싣고 졸업식장으로 향한다. 졸업식 이후 곧바로 3사관학교에 입소한다. 3사관학교에서는 6주

동안 기초 군사훈련을 받게 된다. 한 내무반에는 여덟 명의 군의후보생들이 생활하면서 본격적인 군 생활이 시작된다. 나는 이곳에 두 번째로 오게 된 것이다. 첫 번째는 군의 13기로 들어왔다가 건강상의 문제로 중퇴하였다가 인턴을 마치고 결혼 후 군의 14기로 다시 들어온 것이다. 나는 막 결혼한 신혼시기를 사랑하는 아내와 떨어져 두 달 이상 병영에서 시간을 보내게 되었다. 2월에 입소하여 4월에 임관을 하게 되는데, 겨울산야에 봄이 와야 한다. 초원에 파란 새싹이 돋고, 마른 가지에 푸른 잎이 돋아나고 만물이 소생하는 봄이 되어야 이 훈련이 끝나는 것이었다. 3사관학교의 훈련이 시작되는 시기가 이미 3월에 접어들었기 때문에 하루가 다르게 영천의 산야는 봄의 신호를 보내고 있었다. 훈련장으로 행군하여 가다 보면 길가의 밭 언덕에 파란 싹이 한두 개 돋아나는 것을 보면 몹시도 반갑고 기뻤다. 내무반 창 너머로 보이는 3월의 영천 들판은 신혼기간을 훈련소에서 보내는 나에게 잊지 못할 시간이었다. 그동안 봄에 새싹이 돋고 꽃이 피는 것을 많이 보았지만, 이토록 파란 새싹이 돋기를 기다리고 봄이 오기를 고대하던 적은 없었다. 입영과 군복무는 갓 결혼한 신혼의 젊은이에게는 잔인한 시간임에 틀림없었다. 아내가 보고 싶었다. 훈련 중에 한 후보생이 나와서 노래를 불렀는데, 유심초의 『사랑이여』를 불렀다. 가사 한마디 한마디가 가슴 속에 스며 오면서, 아내를 향한 그리움이 몰려왔다.

영천 3사관학교 훈련의 고비는 화산 유격훈련이다. 화산은 영천 3사관학교로부터 약 40Km 떨어진 지역에 위치한 해발 1,000m 정도의 산이다. 화산 정상부의 넓은 평원에 유격장 시설이 있었다. 사람 키 높이의 갈대숲으로 둘러싸인 유격장에서 우리는 1박 2일간의 유격훈련을 받았다. 화산 정상에 있는 막사에서 하룻밤을 자면서 우리 중대는 즐거운 시간을 가졌다. 한 후보생의 생일이라고 해서 초코파이를 선물하고 함께 축하하였다. 유격훈련이 끝난 날 우리는 유격복과 방탄모를 쓰고 전 중대원이 어울려 기념사진을 찍었다. 유격훈련이 끝나고는 40km 행군으로 부대에 복귀하였다. 처음 행군이라 다들 긴장을 하고 양말에다 비누칠을 하는 등 부산을 떨었다. 다행히 낙오하는 사람 없이 우리는 무사히 부대에 복귀하였다.

3사관학교에서의 6주간의 군사훈련을 통해서 나는 많은 것을 느끼고 배웠다. 교관은 우리에게 『한 민족의 용틀임』이라는 정훈교재에 실려 있는 한 편의 시를 읽어 주었다. 「왜 너 거기 서 있는가?」라는 시(詩)였는데, 분단된 조국의 현실과 휴전선 철조망 앞에서 흩날리는 눈을 맞으며 서 있는 초병의 정체성을 묻는 시(詩)였다. 나는 푸른 군복을 입고 영천의 넓은 들을 걸으면서 생각하였다. 이 땅이 속한 나라와 나라에 속한 나의 모습, 군복을 입고 국가의 명령에 따라야 하는 나의 정체성, 나와 국가, 국가와 나를 생각하였다. 군복을 입은 나는 국가의 소속이 되었고, 나의 존재는 국가의 소유가 되었다. 내가 밟고 있는 이 땅 역시 국가에 속한 땅이다. 내가 밟고 있는 이 땅은 나의 땅임을 생각하게 되었다. 서서히 내 속에 국가에 대한 정체성이 형성되어 감을 알게 되었다.

3사관학교의 6주간 교육이 끝나자 다시 군의학교로 돌아왔다. 이곳에서는 현역과 예비역이 결정되고, 현역은 다시 육해공군으로 분류된다. 공군 군의관으로 분류되는 것을 가장 다행으로 여긴다. 반면에 육군은 전방부대로 많이 배치되기 때문에 별로다. 그중에서 가장 끔찍스럽게 생각하는 곳이 있었다. 그것은 특공부대로 배치되는 경우였다. 드디어 교관이 내무반을 돌면서 우선적으로 호명하는 사람들이 있었다. 다름 아닌 특공부대로 가는 사람들이었다. 우리 내무반에 교관이 들어왔다. 내 번호와 이름을 불렀다. 702특공연대! 내무반에 갑자기 환호와 탄성이 퍼졌다. 702특공연대! 그곳이 어디에 있는 부대인지, 무얼 하는 부대인지 모르지만 다들 환호하고 좋아해 주고 격려해 주자 자기들이 해당되지 않은 것이 좋아서 그랬는지 몰라도 기분이 나쁘지는 않았다. 그런데 소문이 심상치 않았다. 바로 이웃 중대에서는 특공부대로 가게 된 군의관이 모포를 둘러쓰고 식사도 하지 않는다는 것이다. 아무튼 모든 군의관들이 가기 싫어하는 곳이라는 것은 분명하였다. 4월이 되고, 대구 군의학교 교정에 노란 개나리꽃이 만발한 어느 날 우리는 군악대의 연주가 울려 퍼지는 가운데 장교 임관식을 가졌다. 나는 육군 중위 임관을 하였다. 임관을 축하하기 위해서 부모님이 오셨다. 물론 아내도 왔다. 나에게는 이제부터 대한민국의 육군 중위로서 국방의 의무가 부여된 것이다.

배후령 고개를 넘으며

임관 후 잠시 집에 들러서 몇 분들을 만나 인사를 드렸다. 그리고 곧 임지를 향해서 떠났다. 청량리역에 도착하자 특공연대로 부임하게 된 군의관들을 만났다. 길 대위는 고려대를 졸업한 정형외과 전문의였고, 권 중위는 경북의대에서 인턴을 마쳤다. 춘천에는 ○○○사령부가 있다. 이곳으로 부임하게 될 군의관들이 모두 춘천에

집결하여 전입신고를 하였다. 전입 신고가 끝나자 군의관들은 모두 각자의 부대로 흩어졌는데, 특공연대 군의관 세 사람도 버스를 타고 부대로 향했다. 4월 하순이라 이제 겨울을 벗은 산야에 파릇파릇 새싹이 돋고, 하나둘 진달래, 철쭉이 고개를 내밀고 있었다. ○○사령부에서 우리부대를 찾아가려면 버스로 험준한 고개를 하나 넘어야 한다. 이 고개가 바로 유명한 배후령 고개이다. 이곳은 과거 파월 장병들을 훈련하던 훈련소가 있던 곳으로 월남전에 참전한 나이든 분들은 다 여기를 거쳐 갔다고 한다. 월남전이 끝난 후에는 특전사가 있다가 다시 특공연대가 창설되면서 이곳은 702특공부대가 자리 잡게 되었다. 배후령 고개가 지금은 포장이 되고 길가에 안전펜스가 잘 설치되어 있지만, 당시는 비포장의 험한 고갯길이었다. 삼청교육대에서 이 길을 닦았다는 말도 있다. 나는 버스가 굽이굽이 고개를 돌아 배후령을 넘을 때, 까마득한 계곡을 바라보면서 이 고개의 이름을 지었다. '은혜의 고개!' 과연 배후령 고개는 하나님의 은혜가 굽이굽이 흐르는 은혜의 고개였음이 옳았다. 나는 2년간의 특공연대 군의관 생활을 하면서 이 고개를 얼마나 많이 넘었던가! 외진이 있는 날이면 춘천 101병원으로 앰뷸런스에 병사들을 태우고 이 고개를 넘는다. 그리고 오후에 모든 진료가 끝나면 다시 앰뷸런스에 병사들을 태우고 부대로 복귀한다. 병사들이 진료를 받고 있는 동안은 자유 시간이었다. 이럴 때면 춘천시내에 나가서 모처럼 대중탕에도 가고, 신망애사라고 하는 기독교서점에도 들리고, 「바라」라는 조용한 커피숍에 들러서 한 잔의 커피를 마시면서 조용히 책을 읽다가 오는 경우도 있었다. 또 필요한 물품을 구입하기도 한다. 겨울에 연탄난로가 필요하여 외진 때 춘천 명동에 있는 시장에서 연탄난로를 구입하여 직접 설치하였다. 연탄난로의 이음매는 의무실에서 석고붕대를 가졌다가 처리하면 된다.

배후령 고개를 넘다 보면 계절의 변화를 볼 수 있다. 내가 처음 오음리 부대를 찾아갈 때는 철쭉꽃이 한두 군데 피어 있었다. 그러다 군인아파트로 이사할 무렵인 5월이 되자 온통 배후령 고개 계곡과 건너편 산기슭에 푸른 잎들이 파란 신록을 만들고 있었다.

처음 부대에 도착하자 정문에서 초병이 삼엄한 경계를 하고 있었다. 부대 도착 후 연대장에게 전입신고를 마쳤다. 길 대위는 연대본부 군의관으로 결정이 되었으나, 나와 권 중위는 2대대와 3대대를 놓고 결정해야 했다. 권 중위가 나에게 제안하기를 군번 순으로 자기가 2대대, 내가 3대대로 가면 어떻겠느냐고 해서 좋다고 했다. 나는 3대대 군의관으로 가기로 하였다. 나중에 알고 보니 3대대는 최근에 현대식 건물로 지었을 뿐 아니라 군인아파트에서도 가까운 거리에 있었다. 권 중위가 그걸 알았으면 자기가 2대대로 가겠다고 하지 않았을 것이다. 하지만 권 중위가 가기로 한 2 대대장님이 매우 호인이어서 군의관에게 FM대로 모든 훈련을 시키지 않으셨다. 연대장은 군의관들에게 무척 잘해 주셨다. 연대 군의관인 길 대위 아파트에서 식사자리를 마련하여 연대장을 초청하여 함께 식사를 하였는데, 식사 후 연대장은 다시 자기 집으로 우리를 초청하여 무용담을 들려주었다. 러시아어 교관으로 지내면서 러시아어를 배웠다고 했다. 연대장 사택은 내가 근무하던 3대대 영내에 위치하고 있었다. 3대대는 파로호가 한눈에 내려다보이는 호숫가 산기슭에 위치하고 있어서 연대장 사택은 별장처럼 아름다운 한 폭의 그림과 같았다.

702특공연대 3대대

드디어 내가 근무하게 될 702특공연대 3대대에 도착하였다. 대대장에게 전입신고를 하였다. 대대장은 3군 사관학교 출신으로서 특전사에서 오랫동안 근무하다가 중령진급을 하고는 이곳 특공연대 대대장으로 부임하였다. 대대장은 군의관과 같은 날 부대에 부임하였다. 대대장에게 전입신고를 하면서 나는 뭐라고 표현할 수 없는 기분을 느꼈다. 군(軍)이란 명령에 따라 움직이는 곳이다. 명령이 모든 것을 좌우한다. 무언가 답답함이 밀려왔다. 나를 옭아매는 강한 힘이 있다는 느낌이었다. 나는 이제 자유인이 아니라는 그런 느낌, 그래서 군(軍)의 명령체제가 나를 지배하고 있다는 강한 압박감을 느꼈다. 군대도 사람 사는 곳이고, 군인도 집에서는 다 한 가정의 가장이고, 남편이고, 아버지이기에 군 생활이 딱딱한 명령에 따라 움직인다고 하지만 여전히 이곳도 사람의 정(情)과 따뜻한 배려가 있는 곳이라는 사실을 알게 되기까지는 상당한 시간이 지나야 했다. 한마디로 나는 군기가 엄청 들어 있었고, 긴장하고 있었으며, 군 생활에 두려움을 갖고 있었다. 이 두려움은 대구 군의학교에 들어가기 위해서 순천에서 대구행 고속버스를 탄 순간 나에게 엄습해 왔던 두려움이었다. 고속버스 안에서 나는 하나님께 기도하였다. 로마서 8장 28절 말씀이 생각났다. "우리가 알거니와 하나님을 사랑하는 자 곧 그 뜻대로 부르심을 입은 자들에게는 모든 것이 합력하여 선을 이루느니라" 천로역정을 지은 존 버니언이 생각났다. 존 버니언은 그의 신앙 때문에 옥에 갇히는 신세가 되었다. 1~2년이 아니라 무려 13년을 옥중에서 보냈다. 이때 존 버니언은 감옥에서 천로역정을 썼다. 나는 나 스스로에게 메시지를 전하고 있었다. 이러한 메시지는 의과대학 생활 중 요회 목자로서 수없이 전해 왔던 일이었다. 나는 나 자신을 말씀으로 돕고 있었다.

대대장에게 전입신고를 마치고 대대장실에서 얘기를 나누고 있었다. 갓 부임한 대대장은 군의관이 자기와 같은 날 부임한 사실을 매우 의미 있게 생각하고 있었다. 그로부터 만 2년 동안 나는 대대장 권○○ 중령님과 희로애락을 같이하면서 함께 영원히 잊지 못할 군 생활을 하게 되었다. 대대장과 얘기를 하다가 문득 눈을 들어 창밖을 보았다. 아주 가까이 건너편 산기슭에 초등학생으로 보이는 남녀 아이들 두세 명이 철쭉꽃 사이에 앉아 있었다. 소리는 들리지 않았지만 자기들끼리 무슨 얘기인지 도란도란 얘기를 나누고 있었다. 봄볕 아래 한없이 평화로운 오후였다. 내가 주로 있어야 할 의무실은 10평 남짓한 창문도 없는 작은 방이었는데, 이곳에 각종 의약품이며, 전투용 의무 장비들이 있었다. 나는 의무실이 너무 비좁다고 생각하였다. 대대장에게 좀 넓은 공간을 의무실로 사용할 수 있도록 건의했으나 별 반응이 없었다. 의무실이 넓을 필요가 없는데 말이다. 내가 이곳 부대에 근무하면서 군인아파트에서 생활하였지만, 아내가 광주로 내려가고 혼자 생활할 때면 주로 의무실에서 지냈다.

부대건물은 이층 현대식 건물로서 화장실과 세면장, 의무실, 이발소 등 모든 시설이 한 건물 내에 있어서 생활이 크게 불편하지 않았다. 부대 내에는 장교식당과 사병식당이 각각 있었고, 연대장 관사와 대대장 관사가 있었다. 연병장 한쪽은 오래된 숲이 좋은 휴식처를 제공하고 있었고, 막타워, 헬기레펠 등 공수강하훈련시설을 완벽하게 갖추고 있었다. 부대에서 가까이 내려다보이는 곳에 파로호 호수가 한눈에 들어온다. 호수 건너편은 파로호를 굽이굽이 돌아서 화천으로 가는 461번 도로가 나 있다. 파로호는 병풍산 자락을 끼고 도는데, 호숫가에는 작은 마을들이 있다. 간혹 대대장과 함께 부대 뒤의 마을을 돌아보곤 하였는데, 대대장은 늘 군의관을 주민들에게 소개하는 것이었다. 병풍산은 해발 800m의 산으로, 병풍처럼 펼쳐져 있다 해서 붙여진 이름이다. 병풍산으로 오르는 방천고개를 넘어가면 후동이라는 마을이 나오고, 초등학교도 있다.

3대대 군의관으로 부임한 지 며칠 후 아내가 광주에서 잠시 면회를 왔다. 아직 군인아파트가 나오지 않아서 아내는 잠시 내가 근무하는 곳을 보러 온 것이다. 부대 근처 식당에서 저녁을 막 먹으려고 하는데 갑자기 비상소집 연락이 왔다. 모든 장병들은 부대로 즉시 복귀하라는 명령이었다. 아내만 식당에 두고 부대로 들어갈 수는 없는 노릇이었다. 연대 군의관 길 대위에게 전화를 했다. 마침 길 대위는 군인아파트로 이사를 하여 길 대위 사모님이 아파트에 있었다. 나는 아내를 길 대위 사모님께 데려다 주고는 부대로 들어갔다. 야간 비상소집 훈련은 한참 만에 끝나고 해산하였다. 이미 밤은 늦었고, 나는 길 대위 집에서 하룻밤 신세를 져야 했다. 그날 밤 우리 부부 때문에 길 대위 부부는 밤에 화장실도 못 가고 불편한 밤을 보내야 했다. 아파트의 구조가 안방과 문간방이 연결되어서 안방에서 화장실을 가려면 문간방을 지나야 했다. 길 대위 부부는 안방에서, 우리는 문간방에서 미닫이문을 사이에 두고 잠을 잤던 것이다. 지금도 그분들께 고마운 마음을 잊을 수 없다.

전입신고를 마쳤다고 대대간부들이 회식을 해 주었다. 파로호 호숫가의 매운탕 집에서 회식을 하는데, 나는 잠시 화장실을 가려고 혼자 밖으로 나왔다. 그런데 그때 갑자기 천지를 진동하듯 펑 따다 다다다다~피웅 퍽! 하는 총소리, 폭탄 터지는 소리가 연신 사방에서 들리면서 폭죽이 하늘로 솟고 조명탄이 터지는 것이었다. 그 순간 나는 너무나 놀라서 볼일도 보지 못한 채 식당 안으로 뛰어 들어갔다. 나는 전쟁이 일어난 줄 알았다. 모두들 나를 보고 웃었다. 그곳에서는 일상으로 있었던 야간 훈련이었던 것이다.

대대장은 야전부대 그것도 최고의 전투력을 자랑하는 특공부대 지휘관으로서의 의욕이 넘치는 분이었다. 내가 부대에 전입하자마자 부대는 훈련이 시작되었다. 모든 특공부대가 다 그러했던 모양이다. 부대배치를 마치고 아직 이사도 하지 않은 어느 날 지나가던 지프차가 옆에 와서 섰다. 그리고 대학동기가 차에서 내리면서 나를 보고 반가워하였다. 그는 ○○○특공연대 군의관으로 배치되었는데, 이곳으로 훈련을 나왔다고 하였다. 특공연대 군의관들은 부대 도착과 동시에 훈련이 시작된 것이다. 대대장은 전 하사관과 위관장교들을 모아 놓고 밤새도록 브리핑과 강의를 계속하였다. 앞으로 있을 특공3단계 훈련에 대한 지상연습이었다. 강의실에 모인 하사관과 위관장교들은 밤을 꼬박 새우면서 대대장의 지휘를 받고 있었다. 새벽이 되자 잠은 오고, 대대장의 강의는 계속되었다. 이때 몇몇 간부가 졸고 있었다. 나 역시 졸음을 이기지 못하고 꾸벅대고 있었다. 갑자기 대대장이 화를 내면서 "전원 팬티 차림으로 연병장에 집합!" 하고는 꽝! 하고 문을 닫고 대대장실로 가 버리는 것이었다. 모두는 어안이 벙벙하고 어찌할 바를 모르고 있는데, 장교들 중에 가장 선임인 인사장교가 팬티만 입고 군화를 신고 우리 앞에

41

I. 특공부대 군의관으로

나타났다. 그리고 우리를 향해 소리를 질렀다. "야, xx들아 빨리 집합 못 해!" 모두들 황급히 군화를 신은 채 팬티만 걸치고 연병장으로 나갔다. 오월의 차가운 이슬비가 내리고 있었다. 날이 아직 어둑한데 우리는 팬티 하나만 걸치고 연병장을 두 바퀴 돌았다. 잠이 확 깨면서 정신이 번쩍 들었다. 이 와중에 누군가가 군수장교의 팬티가 앞뒤 뒤바뀐 사실을 보았다. 나중에 모여서 군수장교의 앞뒤가 바뀐 팬티를 얘기하면서 웃었다. 이렇게 나는 특공부대의 일원이 되어 가고 있었다.

파로호를 바라보며

나의 특공연대 생활을 추억하면 파로호 호수를 떠올리게 된다. 파로호는 강원도 화천을 끼고 도는 거대한 인공호수이다. 하류를 화천댐이 막고 있고, 상류는 평화의 댐이 막고 있는 거대한 호수이다. 이곳은 낚시꾼들에게는 매우 잘 알려진 유명한 낚시터가 되기도 한다. 평화의 댐이 만들어지기 전에는 오음리 지류까지 푸르고 깨끗한 파로호 물이 가득 차 있었는데, 평화의 댐이 건설되면서 부대 앞 파로호는 바닥을 들어내고 호수의 수면은 많이 낮아졌다. 내가 근무하던 부대는 파로호 호숫가에 자리 잡고 있어서 아침저녁으로 파로호의 잔잔한 물결이 한눈에 들어온다. 파로호는 군 생활의 낭만과 정취를 더해 준 아름다운 호수이다.

파로호의 *붉은 함성*

사진 1 군 생활을 하였던 화천군 파로호주변 전경

오른 쪽에 파로호가 보이는데, 물이 빠진 상태여서 바닥이 드러나 있다. 빙 둘러서 병풍처럼 험준한 산악으로 둘러싸인 이곳은 38선 지역으로서 숱한 전사의 장면들을 지닌 곳이다. 왼쪽에 배후령으로 연결된 국도가 보이고, 오음리가 보인다. ❖ 출처 : 대한민국702특공전우회(http://702commando.co.kr)

　내륙의 바다라고도 불리는 '파로호'는 6·25전쟁 당시 중공군과의 치열한 전투로 유명하다. 파로호를 끼고 461번 도로를 타고 오음리에서 화천 쪽으로 가다 보면 구만리 선착장이 나온다. 구만리대교는 기초는 일제가, 교각은 북한이, 상판은 남한이 만들었다고 한다. 또, 오음리를 지나 지방도 460호선으로 해산터널을 지나면 분단역사의 질곡을 담고 있는 평화의 댐이다.

사진 2 부대앞에서 파로호를 배경으로 찍은 군의관 송창훈중위의 모습

가을 어느 날 오후 파로호 호숫가의 옥수수 밭에서 사진을 찍었는데, 파로호가 배경이 된 사진이 한 장의 예술작품이었다. 파로호는 마을 아이들이 등하교 때면 배를 타고 건너는 곳이다. 부대가 있는 산기슭에서 파로호를 바라보면 건너편 마을에 초등학교랑, 마을의 여러 건물들이 눈에 들어온다. 부대가 있는 마을에서 도로를 따라 학교에 가게 되면 먼 거리가 되기 때문에, 호수를 가로지르는 나룻배가 학생들의 등하교를 돕는다. 군인아파트는 파로호 건너편에 있어서 나도 아침에 부대 출근을 하면서 배를 타고 출근한 적이 몇 번 있었다. 나룻배를 타고 가다 보면 파로호의 맑은 물속에 물고기들이며, 호수의 푸른 수초들이 보이기도 한다. 군인아파트에서 부대까지 출근 버스가 운영되거나 오토바이가 있는 장교들은 오토바이를 많이 애용하였지만, 나는 자전거를 애용하였다.

파로호는 겨울이면 꽁꽁 언다. 그래서 가끔 얼음 위를 걸어서 출퇴근을 하는 경우도 있었다. 파로호는 겨울이면 훌륭한 스케이트장이 된다. 파로호 한쪽에 둑을 쌓아서 둥글게 저수지를 만들고 이곳을 스케이트장으로 이용한다. 우리 3대대에서 이곳을 관리하는데, 스케이트장 관리를 맡은 중대장은 회의 때면 스케이트장 관리 상황을 대대장에게 보고하였다. 병사들은 밤늦은 시간에도 스케이트장을 손보고, 빙질(氷質)을 관리한다. 겨울철 이곳 스케이트장은 특공부대 장병들과 군인가족들에게 유일한 레저스포츠 장소이다. 아침부터 온종일 스케이트를 탄다. 각 대대가 스케이트 경기를 하는 체육대회가 매년 열린다. 대대별로 선수를 선발하여 경기를 하는데, 선수들의 실력이 프로수준이다. 소대장 한 명이 군에 오기 전 대학에서 스케이트선수로 활약하다가 왔는데, 특공부대에 와서 별로 두각을 나타내지 못했다. 스케이트를 타다가 아내가 팔목 골절이 되었다. 팔목이 부러진 아내는 의무대에서 정형외과 군의관인 길 대위가 석고고정을 해 주었다. 덕분에 겨울 동안 나는 아파트에서 혼자 지내면서 혹한기 훈련을 보냈다.

파로호 호숫가에는 한국전쟁 당시 군번 없는 간호장교 출신 오금손 여사의 자택이 있다. 나는 한번도 그곳에 방문한 적이 없지만, 군부대에서 병사들을 보내 가끔씩 관리해 주기도 한다고 들었다. 오금손 여사는 작고한 지 오래되었지만, 6·25 당시 간호장교이면서 동시에 북괴군과 치열한 전투를 치른 전쟁의 산 증인으로서 국가 유공자였다. 그녀는 6·25가 나던 해에 꽃다운 나이의 간호학교 학생이었다. 전쟁이 날로 치열해져 국군 부상병이 늘어나면서 간호지원병이 필요했다. 당시 간호학교 학생이었던 그녀는 전쟁터에 나가겠다고 지원하였다. 함께 있던 간호학교 여학생들이 하나둘 일어서더니 나중에는 모두가 지원한다고 자리에서 일어섰다. 그녀들은 군번도 받지 못한 채 전쟁터로 투입되었다. 꽃다운 나이의 여학생들이 전쟁터에서 모두 젊음을 바쳤다. 오금손 여사는 이 와중에 직접 전투에 참여하기도 하였다. 한참 부상당한 국군을 돌보고 있는데 적들이 기관총을 쏘았다. 부상병들이 총에 맞아 죽고, 부상병을 돌보던 간호장교들이 죽어 갔다. 오금손 여사는 옆에 있던 총을 들고 낮은 포복으로 이동하여 적들을 향해 총을 쏘았다. 적들이 총에 맞아 쓰러지는 것을 보았다. 그녀는 전쟁 중에 포로가 되어 갖은 고문을 당하기도 하였다. 손톱을 다 뽑히는 고문을 당하기도 하였다. 또 고문당하는 사람들의 비참한 모습을 목격하기도 하였다. 경찰간부의 아내가 포로로 잡혔는데, 공산당들이 인피를 머리부터 벗기는 등의 잔악한 짓을 하면서 죽였다. 그녀는 전쟁 중에 당한 부상으로 몸이 성한 곳이 없었다. 전쟁으로 온몸에 심한 상처와 부상을 입고 있었지만, 여전히 국가에 대한 충성과 반공정신이 투철한 분이었다. 나는 그분의 자서전적인 책을 읽었을 뿐이지만, 아내는 군인가족들과 함께 파로호 호숫가에 있던 그분의 집을 한 번 방문한 적이 있었다. 한번은 그분의 후배들이 부부동반으로 그 곳을 방문하였다가 파로호에서 뱃놀이를 하던 중 배가 전복되는 바람에 익사하는 사고가 발생하였다고 한다. 파로호는 아름다운 그림처럼, 숱한 역사의 흔적을 가지고 있었다.

부대 연병장에서는 늘 특공부대 병사들의 함성이 그치지 않았다. 아침 점호시간에, 작전을 마치고 훈련에서 돌아왔을 때, 특공부대 병사들의 특유한 군가가 있다. 병사들은 손을 허리에 받치고, 몸을 좌우전후로 흔들면서 고래고래 악을 쓰면서 특공부대 군가를 부른다. 병사들이 부르는 군가는 연병장을 가득 메우고, 저 멀리 부대 밖으로 울려 퍼진다. 특공용사들이 부르던 그 군가 소리가 아직도 귀에 쟁쟁하다. 파로호 호수를 바라보면서 부르던 특공용사들의 군가소리가 파로호 잔물결을 스치면서 아득히 퍼져 나가는 그 순간들이 이제는 어언 4반세기를 지난 추억 속에서 들려온다.

유촌리 군인아파트

군인아파트로 5월에 이사를 했다. 군인아파트 206호가 이사를 하지 않은 채 잠겨 있었는데, 내가 부대에 전입하고 얼마 후 집을 비워

줘서 그곳을 사용할 수 있게 되었다. 그동안 다른 부대로 전출 간 대위가 아파트를 비워 줘야 하는데, 이삿짐을 옮기지 않아서 아무도 그 집으로 들어갈 수 없었다는 것이다. 그런데 내가 그곳에 도착한 지 며칠 후 206호가 비워졌다. 13평짜리 작은 아파트였다. 아파트에 벽지를 바르는 일은 병사들 몇 명이 와서 도와주었다. 대한통운 트럭으로 몇 가지 짐을 싣고 이사를 하였다. 자전거도 함께 왔다. 이사를 하던 날도 부대에서 야간 비상소집이 있었다. 나는 막 도착한 자전거를 타고 부대로 향했다. 강원도 화천군 간동면 유촌리 군인아파트에서 이제 나는 신혼살림을 시작한 것이다. 아파트 주변에는 밭들이 있고, 파란 호수가 그림처럼 펼쳐 있으며 병풍 같은 산들로 둘러싸인 곳에서 나는 그렇게 군 생활을 시작하였다. 군인아파트에서는 연탄을 사용하였다. 겨울에는 아파트에 연탄난로를 설치해야만 실내 온도를 유지할 수 있었다. 화장실 수도관에서 물이 계속 떨어지는 바람에 화장실 바닥에 얼음이 약 20cm 정도나 두껍게 얼었다. 그래도 강원도 산골에 이처럼 아파트가 준비되었다는 사실이 참으로 하나님의 은혜였다. 학교 다니는 동안에는 학교 근처에서 하숙을 하다가, 작은방 하나와 부엌 하나인 곳에서 자취를 하였다. 그런데 결혼을 하고, 가정을 이룬 후 처음 우리만의 공간이 생겼다. 비록 13평짜리 작은 아파트일지라도 감사할 뿐이었다. 신혼살림이라고 해야 비키니 옷장 하나에, 작은 책장 하나였다. 아파트 주위에는 강원도의 전형적인 밭과 산들이 둘러 있다. 아파트 주변 산야는 모두 훈련장이다. 주변 산야를 누비며 야간에 훈련을 하다가 아파트에 들어와 커피포트에 따뜻한 커피를 준비해서 병사들과 나누기도 하였다. 추운 겨울밤에 중대장이 무전기를 메고 자신의 아파트 베란다에서 훈련을 지휘하다가 대대장이 알게 되어 문책을 당하기도 하였다. 또 군인가족들은 천리행군이나 야간 사격이 있는 날이면 환영을 나오기도 하고 국수를 삶아서 응원을 나오기도 하였다. 군인아파트는 군 생활의 일부분이었다. 아내는 이곳 군인아파트에서 나와 함께 2년을 지냈다. 그러나 이곳에서 잦은 훈련으로 내가 1~2주씩 집을 비워야 할 때는 아내 혼자 집에 있기가 여의치 않아서 광주 친정집에 내려가 있곤 하였다. 어느 날부터 할머니가 오셔서 함께 지내기도 하였다.

그곳에서 생활한 지 2년이 됐을 때 아내가 임신을 하였는데 입덧이 너무 심해 몸을 가눌 수 없는 지경이 되었다. 결국 어머니와 처남이 와서 아내를 데리고 광주로 내려갔다. 그럴 때마다 나는 아파트에서 혼자 지내곤 하였으며, 때론 의무실에서 오랫동안 생활을 하기도 하였다. 신혼시절에 여린 색시가 강원도 산골까지 남편을 따라와 함께 고생하며 내조해 준 것을 생각하면 아내에게 한없이 감사하다.

특공부대의 군의관들

특공연대에는 ○명의 군의관들이 있었다. 연대본부에는 전문의를 취득하고 대위로 임관한 연대 군의관이 있고, 각 대대에 중위로 임관한 군의관들이 한 명씩 있었다. 중위로 임관한 군의관들은 대부분 나처럼 인턴을 마치고 군에 온 경우고, 대위로 임관한 경우는 수련과정을 마친 전문의들이었다. 이들은 주로 국군병원이라든가 사단 의무대에서 각자의 전공과목을 진료하는 것이 일반적인 경우이나, 야전부대 군의관으로 오는 경우도 더러 있었다. 이런 경우 야전 부대에서 1년만 근무하고 대부분 국군통합병원 등지로 옮겨진다. 전문의를 야전부대에 근무하도록 하는 것은 고급인력을 제대로 활용하지 못하는 것이다. 하지만 이제 인턴을 마치고 중위 임관을 한 군의관은 전천후 군의관이었다. 이들은 전방부대, 야전부대를 가리지 않고 군의관이 필요한 부대에는 어디든 명(命)받게 된다. 특공연대에 나와 같이 부임하게 된 연대 군의관인 길 대위는 결혼하여 아들까지 하나 둔 잘생긴 분이었다. ○ 대대 군의관은 서울 의대를 나온 나 중위로서 나보다 1년 먼저 이곳에 와서 나와 함께 1년을 이곳에서 지낸 군의관이었다. 나 중위는 현재 서울삼성병원의 유명한 신경과 교수로서 세계적인 학자이다. ○ 대대 군의관으로는 경북 의대 출신인 권 중위, 그리고 3대대는 나, ○ 대대는 전남 의대를 나온 고 중위가 근무하고 있었다. 군의관들은 순번으로 연대 본부 의무대 당직 근무를 해야 했다. 또, 매주 춘천 101병원으로 외진을 인솔했다. 외진을 나갈 때마다 1/4톤 앰뷸런스에 환자들을 싣고, 배후령 고개를 넘는다. 나는 연대 군의관 길 대위에게 많은 신세를 졌다. 강원도 산간에 처음 와서 막상 도움이 필요할 때 연락할 곳은 길 대위뿐이었다. 아내가 첫 면회를 왔을 때 비상소집이 있었고, 나는 아내를 길 대위 사모님에게 부탁하고 부대로 들어갔다. 그리고 그날 밤 길 대위 집에서 하룻밤을 묵었다. 3대대가 혹한기 훈련으로 한 명의 병사를 잃었을 때 5부 합동 수사가 이루어졌다. 헌병대와 군 수사기관에서 나와 연대장, 대대장, 군의관인 나를 집중적으로 조사하였다. 작전에 문제는 없었는가, 지휘공백은 없었는가, 군의관의 역할을 제대로 했는가 등을 수사하였다. 많은 병사들이 동상에 걸리고, 동상이 심한 병사들도 있었다. 군 수사관은 대대장실에서 군의관인 나를 질책하였다. 내가 수사관에게 지지 않고 내 주장을 얘기하자 수사관은 연대 군의관 길 대위를 불렀다. 길 대위가 와서 잘 변호해 주어 수사는 별 문제없이 종결되었다. 동상에 걸린 병사들이 너무 많아서 연대 신병교육대에다 환자들을 수용하고 군의관들이 비상체제를 가동하여 이들을 돌보았다. 3대대의 어려움을 모든 군의관들이 도와준 것이다. 길 대위는 연대장과의 관계를 잘 유지하였다. 주말이면 연대장 사택으로 가족과 함께 방문하곤 하는 것을 자주 보았다. 그래서인지 몰라도 팀 스피릿 훈련에 연대병력이 출동하는 부대의 대이동이 있을 때였다. 연대 병력이 군용차량으로 배후령을 넘는데, 길 대위는 자신의 하얀 승용차를 몰고 가는 것이었다. 그것도 상의는 군복, 하의는 사복차림이었다. 군대도 사회의 연장이라, 어디를 가든 인간관계를 잘 관리해서 매끄러운 사회생활을 하는 사람이 있는가 하면, 고지식하게 군 생활을 몸으로 때우는 사람도 있는 것이다. 그중에 나는 후자에 속한 것이 분명했다. ○대대 군의관인 나 중위는 자기관리가 철저하였다. 연대의무대 당직 근무가 있는 날이면 의무병들과 파로호 호수 변에 있는 국도를 따라 구보를 즐긴다. 영어를 잘하여서 미군과의 합동훈련 때는 대대장의 통역관을 하기도 하였다. 심폐소생술로 환자를 살리기도 하여서 대대장들 사이에 칭찬이 자자하였다. 전투력 측정 때 10km 무장구보를 하면서 끝까지 구보를 완수한 사람은 대대 군의관 중 나 중위뿐이었다. 나 중위를 생각하면 고맙고 감사한 마음을 지울 수 없다. 특공부대에서 그는 나보다 1년 선배로서 나에게 여러 가지 조언과 격려를 아끼지 않았다. 나는 군 전역 후에 전공의 수련을 걱정한 나머지 수도통합병원에서 수련을 결정하고는 육군본부에 지원서를 제출하였다. 즉 의무복무 기간인 3년이 끝나면 수도통합병원에서 수련을 받고, 전문의가 되면 수련기간에 해당하는 기간만큼 군복무를 더하는 것이다. 4년간 수련을 받는 경우 군에서 4년을 더 근무하게 된다. 결국, 군 수련을 지원할 경우 총 11년을 군의관으로 복무하는 꼴이 되는 것이다. 대략 중령까지 진급을 하고 제대하는 식이었다. 군 수련을 받겠다고 이미 지원서를 제출하고 났는데, 나 중위가 이를 만류하였다. 군에서 장기간 근무하면 사회에 나가기가 두렵다는 것이다. 그러니 군 수련을 철회하라고 하였다. 전역하고 나면 좋은 자리가 있을 것이라고 믿음을 심어 주었다. 나 중위의 권면을 듣고 나는 지원서를 철회하기로 하였다. 아내와 함께 육군본부를 방문하여 지원을 철회한다고 하니 쉽게 해결되었다. 오음리에서 서울까지 차를 타고 다녀오는 것이 힘들었던지 이 일로 아내가 유산을 하고 말았다. 나와 아내는 임신한 사실을 몰랐던 것이다. 유산을 하게 되자 다시 춘천의료원에 가서 간단한 치료를 받고 돌아왔다. 나 중위가 2년을 근무한 후 후방으로 전출을 가게 되자 후임으로 박 중위가 군의관으로 왔다. 박 중위는 서울에 있는 굴지의 사립 의과대학 병원장의 아들로서 나는 그의 쟁쟁한 인맥과 취미생활, 호방한 성격에 매료되었다. 전역후에 교수가 되어 그를 한 번 찾았더니 그는 대학의 총장이 되어 있었다. 크리스천인 박 중위는 함께 군인교회에서 예배를 보기도 하였고, 그가 3대대로 공수훈련을 받으러 왔을 때는 의무실에서 많은 얘기를 나누기도 하였다. 그는 원래 공대를 입학했다가 의대에 다시 가게 되었는데, 오토바이 등 다방면에 기술을 가지고 있어서 중대장들이 오토바이가 고장 나면 군의관에게로 온다는 것이다. 실제로 그는 여러 개의 기술 자격증을 보유하고 있는 특이한 군의관이었다. 박 중위는 취미로 경주용 산악 오토바이를 하는가 하면, 각종 동물을 키우는 취미를 가지고 있었다. 그가 학생시절에는 수백 마리의 뱀을 사육하기도 하였고, 아프리카산(産)의 독수리, 원숭이, 악어, 각종 희귀종의 새들을 키웠다고 한다. 특공부대에서 2년간의 군의관 생활이 끝나갈 무렵이었다. 3년차에는 후방으로 전출을 가는 것이 일반적인 경우라고 하는데, 간혹 전방부대에서 3년을 고생하는 경우도 있다는 말이 있었다. 그래서 군 고위급에 인맥이 있는 박 중위에게 부탁하여 알아보니 내가 원주로 전출될 예정이라고 하였다. 그의 말대로, 내가 발령을 받은 부대는 원주에 있는

사진 3 본부중대와 함께 행군중에 찍은 사진. 필자의 모습이 뒷줄에 보인다

❖ 출처 : 대한민국702특공전우회(http://702commando.co.kr)

부대였다. 다만, 원주로 가지 않고 춘천에서 군의관 3년차를 보내게 되었는데, 그 이유는 부대의 예하대대가 춘천에 있었기 때문이었다. 나는 특공부대 근무를 마치고, 특공연대와는 배후령 고개를 사이에 둔 춘천에서 3년차 군의관 생활을 한 것이다. 그 외에도 2대대 군의관인 권 중위는 나와 2년간을 함께 군의관으로 고생한 잊지 못할 전우가 되었다. 군 제대 후 한 번도 연락을 하지 못했으나 대구에서 내과개업을 하여 잘 지낸다는 소식을 들었다.

불사조 군인교회

특공연대에는 연대본부 영내에 작은 교회가 있다. 불사조 군인교회이다. 지금은 이전 교회건물을 헐고, 예전 수송부와 의무대 자리에 크고 좋은 교회를 세웠는데, 내가 근무할 당시는 의무대 뒷산으로 오르는 언덕 위에 산골교회처럼 아담한 교회가 있었다. 작고 낡은 교회였지만, 군인교회는 나의 특공부대 2년간의 애환과 고뇌와 기쁨과 감사가 하나님께 드려졌던 오음리의 거룩한 산성(山城)이었다. 군인교회는 내가 그곳에 있는 동안 세 분의 군목님이 거쳐 가셨는데, 그중 김○○ 목사님이 내가 전역하기까지 교회를 맡으셨던 군목님이다. 김 목사님은 나와 1년간을 함께 지냈다. 군목이신 김 목사님은 나보다 두 살 아래였으나, 특공부대 생활 중 나의 가장 가깝고 친한 친구요, 사랑하는 목사님이었다. 그가 처음 군목으로 부임하였을 때, 작고 외소한 몸매이며, 하얗고 창백한 얼굴은 한없이 약해만 보였다. 그가 처음 오토바이를 구입하여 3대대에 인사차 왔을 때, 우리는 서툴고 어색한 자세로 겨우 오토바이를 타고 가는 군목의 뒷모습을 걱정스럽게 바라보던 때가 생각난다. 오토바이는 군목의 유일한 교통수단이었다. 각 대대를 심방하고 때로는 훈련에서 복귀하는 장병들을 격려하러 나아갈 때면 오토바이만큼 편리한 수단은 없었으리라. 군목의 오토바이 실력은 일취월장하였다. 그러나 오토바이를 잘 탄다는 말을 함부로 해서는 안 된다는 사실을 나는 깨달았다. 사람의 본성은 잘한다고 하면 방심하기 쉬운 습성이 있다. 오토바이 사고가 난 날은 주일 오후였다. 군인교회에서 오전 예배를 마친 후, 나는 군목의 오토바이 뒤에 타고 부대로 가는 중이었다. 겨울이었고, 아내는 해산달이 가까워 광주로 내려가고 없을 때였다. 아내가 없는 빈 아파트에 혼자 지내는 것이 싫어서, 나는 의무실에서 생활하고 있었다. 부대로 진입하는 아스팔트길은 커브가 심한 곳이 한 군데 있었다. 나는 목사님의 오토바이 뒤에 탄 채 오토바이 실력이 늘었다고 칭찬을 하고 있었다. 그때 목사님은 자신도 모르게 오토바이의 속력을 더 내는가 싶더니 곧바로 급커브 길에서 마주 오는 트럭과 정면으로 충돌하게 되었다. 목사님은 갑자기 나타난 트럭을 피하려고 핸들을 왼편으로 꺾었으나 오토바이와 트럭은 쾅 소리를 내면서 충돌하고 말았다. 순간 뒤에 타고 있던 나의 몸이 공중으로 붕~하고 날아오르는가 싶더니 아스팔트 위로 내동댕이쳐졌다. 몸을 추스르고 보니 아픈 데는 없고, 안경만 벗겨져 땅에 뒹굴고 이리저리 살펴보아도 부러진 곳이나 상처 난 곳은 없었다. 군복 차림인데다, 몸이 트럭과 직접 부딪치지 않은 것이 천만 다행이었다. 오토바이는 찌그러져서 길가 논두렁에 누워 있었다. 그런데 목사님은 양복을 입고 있어서 여기저기가 상처가

났다. 날아가기는 내가 멀리 날아갔는데, 군복을 입지 않은 목사님이 약간 다친 것이었다. 트럭에는 소대장, 중대장들이 가득 타고 있었다. 월요일부터 시작되는 훈련지역에 대한 지형답사를 나가던 참이었다. 오토바이는 잘못이 없었다. 방심한 운전병이 우측운행을 하지 않고 좌측운행 상태로 커브 길을 돌았던 것이다. 선탑을 하고 있던 중대장의 말로는 오토바이와 트럭이 부딪치는 순간 군의관의 몸이 공중으로 붕 떠오르더라는 것이다. 나는 이 일로 며칠 동안 트럭이 내게로 달려드는 악몽을 꾸고는 하였다. 그 공포가 오랫동안 사라지지 않았다. 그 후로는 가끔씩 얻어 타곤 하였던 오토바이가 보기도 싫어졌다. 걸어서 다니다 보면 잘 알고 지내는 중대장이나 장교들이 오토바이 뒤에 타라는 호의를 많이 베푼다. 그런데 오토바이 사고를 겪고 나니까 오토바이를 태워 준다는 호의가 그렇게 괴로울 수 없는 것이었다.

군인교회에는 군인가족들과 아이들, 특공연대 소속의 장병들이 예배에 참석한다. 대대장들이 모두 군인교회에 출석하였다. 연대본부 장교들 중에 상당수가 군인교회에서 함께 신앙 생활하였다. 군인교회에서 함께 신앙 생활한 신앙인 장교들이 알게 모르게 군 생활에 윤활유와 같은 도움이 되는 것을 경험하였다. 대대장들이 군인교회에서 함께 집사직분을 맡아 섬겼다. 한번은 세례성찬식을 하는 주일이었는데, 목사님이 3대대장인 권 집사님과 4대대장인 전 집사님, 그리고 군의관 송 집사를 앞으로 나오라고 하였다. 그리고는 ○대대장 권 집사에게는 성찬식 포도주를, 4대대장인 전 집사에게는 떡 그릇을, 나에게는 세례용 성수(聖水) 그릇을 들도록 하였다. 세례성찬식의 거룩한 분위기 때문에 나는 자꾸 웃음이 나오려고 하는 것을 참아야 했다. 3대대장 권 집사는 술을 좋아하였다. 술을 마시다 보면 아무리 조심해도 실수를 한다. 물론 3대대장 권 집사는 자기절제가 탁월한 분이라서 실수 같은 것은 용납하지 않았지만, 군인교회에서 함께 신앙생활을 하고 있던 나의 눈에는 술을 많이 마시는 대대장이 마음에 항상 걸렸다. 4대대장은 육사를 나오신 분으로서 덕(德)이 있는 분이셨다. 나에게는 그분 이름의 전·병·덕이라는 한자의미가 떡과 연상이 되었던 것이다. 물론 나는 술자리에서 물만 마신다. 다음날 대대 중대장 참모 회의 때 대대장이 주일날 성찬세례식 얘기를 꺼냈다. 대대장도 나와 비슷한 생각을 했던 모양이다.

군인교회에는 주일학교가 있어서 어린아이들과 초등학교 학생들을 지도하였다. 교회에서 점심식사를 하고 주일학교 학생들을 지도하고 섬겼다. 대학생들만 대상으로 신앙 생활하다가 유치원, 초등학생들을 가르친다는 것이 쉽지 않았다. 군복무 3년차인 춘천에서 근무하던 때도 나는 순장로 교회에서 주일학교를 섬기게 되었다. 이때는 중등부 학생들을 맡았는데, 중학생들이었지만 함께 합심기도를 하면 그들은 아주 훌륭한 기도의 동역자들이 되었다. 군인교회에서 성가대도 섬겼는데, 신학대학을 다니다가 온 군종병이 성가대를 지휘하였다. 군인교회에서 군목은 출장을 갈 때면 나에게 설교를 맡겼다. 군인교회에서 나는 자주 설교를 하곤 하였다. 특히 수요일 밤 예배는 목사님 대신 설교하는 경우가 참 많았다.

의과대학 시절 대학생성경읽기 선교회에서 활동하면서 성경을 연구하고 메시지를 전하는 것이 몸에 익은 생활이 되었다. 이런 선교단체 훈련이 바탕이 되어 군의관 생활을 하면서 자연스럽게 이런 모습들이 나오게 되었다. 군목인 김○○ 목사님은 전북김제 출신으로서 총신대 신대원에서 공부하신 분이었다. 그분은 석사논문으로 도르트문트 요리문답을 연구하였다. 나는 그분을 통해 웨스트민스터 요리문답에 대한 관심을 가지게 되었다. 또 그분은 신학서적을 많이 읽었는데, 나는 군목을 통하여 헤르만 바빙크, 헤르만 리델보스, 로이드 존스와 같은 개혁주의 신학자와 설교자들을 알게 되었다. 1984년 당시 로이드 존스 목사에 대한 소개가 한국교회에 막 시작되던 때였다. 처음 군목으로부터 로이드 존스 에베소서 강해를 빌려 읽었을 때의 충격과 놀라움은 잊을 수 없다. 에베소서를 총 여덟 권의 두꺼운 강해집으로 설교한 로이드 존스의 설교에 푹 빠지게 되었다. 에베소서 6장 10절 말씀을 가지고 여러 편에 걸친 강해설교를 해 나가는 로이드 존스야 말로 나에게는 강해설교의 진수(眞髓)로 다가왔다. 나는 목사님에게 빌린 강해 설교집에다 허락도 없이 연필로 단원을 나눠 가면서 독서에 몰입하였다. 로이드 존스의 강해를 읽다 보면 줄거리와 논리전개의 축을 잃어 버려 강해의 숲 속에서 헤매는 경우가 많았다. 그래서 로이드 존스의 설교를 읽으려면 단원과 소항목을 표시하면서 읽어야 이해가 빠르다. 대대장이 어느 날 의무실에 와서 내가 에베소서 강해설교를 열심히 읽는 것을 보더니, 군의관이 저러다 목회 쪽으로 나가는 것이 아니냐고 걱정 아닌 걱정을 하는 것이었다. 군목의 도움으로 나는 헤르만 바빙크에 대해서도 조금 알게 되었는데, 군목은 헤르만 바빙크의 『하나님의 큰일』의 열렬한 애독자였다. 목사님의 말로는 총신대에는 헤르만 바빙크를 강의하시는 차○○ 교수님이 계시는데, 사람들이 그 교수님의 별명을 차빙크라고 한다는 것이다. 그리고 총신대에는 차빙크 말고 김빙크가 또 한 사람 있는데, 김빙크는 김○○ 목사님을 두고 하는 말이라고 하였다. 군목은 『하나님의 큰일』을 너무 여러 차례 읽어서 책이 낡고 손때가 묻어 있었다. 그러나 나에게는 『하나님의 큰일』이 얼른 가슴에 와 닿지 않고 신학적인 용어들과 교리적 설명이 어려웠다. 내가 특공부대에서 2년간의 생활을 마치고 전출하던 날, 목사님은 나에게 헤르만 바빙크의 『하나님의 큰 일』을 선물하셨다. 지금도 내 서재에는 이 책이 꽂혀 있는데, 아직도 이 책을 정독으로 일독해 보지 못했다. 그 외에도 나는 군목을 통해 개혁주의 신학자들의 책을 많이 읽게 되었는데 그때의 독서가 나를 칼뱅주의자로 만들어 놓았다. 그도 그럴 것이 개혁주의 본산인 총신대학원에서 공부한 군목과 함께 지내면서 그분이 읽은 개혁주의 신학서적을 읽다 보니 나의 신앙적 골격이 그분의 영향을 받게 된 것은 당연한 일이었다. 군목은 나에게 신학교 시절 수업을 녹음한 녹음 테이프도 들려주었는데, 내가 들은 부분은 성령론을 강의하시는 차○○ 교수님의 강의 부분이었다. 수업 중 차 교수님이 성령론을 강의하는데, 갑자기 한 전도사 신학생이 질문하는 것이었다. 의도하지 않은 녹음 테이프라 더욱 실감이 나는 부분이었다. 질문을 하는 신학생의 말인즉, 교수님의 성령론이 미온적이라는 것이다. 즉 사도행전의 성령은 병자를 고치고, 귀신을 쫓아내며 앉은뱅이를 일으키는 강력한 역사인데, 교수님의 강의에서 성령의 사역은 사도행전의 역사와 같지 않다는 것이다. 이어서 차○○ 교수의 차분한 반론이 전개되었다. 그는 자기도 뜨겁게 할 때는 무척 뜨겁게 별거 다해 보았다는 것이다. 그러나 결국 중요한 것은 그리스도를 주(主: Lord)로 고백케 하는 성령의 사역이라고 하였다. 나는 아무튼 군목을 통하여 많은 신학자들과 설교자들을 만나게 된 것이 하나님의 큰 은혜임에 틀림이 없었다. 그러나 뭐니 뭐니 하여도 군 생활 중에 나의 정신과 삶에 가장 영향력을 끼친 책은 존 스토트가 지었고, 정성구 박사가 번역한『현대교회와 설교』였다. 나는 이 책을 우연히 어떤 책 소개 칼럼을 통해 알게 되었는데, 공수강하훈련을 위해 경기도 광주 매산리를 향해 가는 도중 춘천에서 구입하였다. 그리고 이 책을 공수강하훈련장 텐트 속에서 두 번을 읽었다. 나는『현대교회와 설교』를 통해서 설교자의 영광과 부르심, 설교가 외면당하는 시대 가운데서도 설교의 역할이 무엇인가를 배웠다. 나에게는 메신저에 대한 소원을 새롭게 하는 계기가 되었다. 지금까지 나의 인생에서 가장 큰 영향력을 끼친 책을 꼽으라고 한다면 나는 서슴지 않고 존 스토트의『현대교회와 설교』를 꼽을 것이다.

군인교회는 오음리에서의 나의 영혼의 안식처였다. 어느 날 훈련으로 마음이 힘들어 군인교회에 오자 군종병이 따뜻한 라면을 끓여 주었다. 그때, 나의 차갑고 굳은 마음은 녹기 시작하였다. 이때 주님의 음성이 들려왔다. 데살로니가 5장 16 – 18절이었다. "항상 기뻐하라. 쉬지 말고 기도하라. 범사에 기도하라. 이는 너희를 향하신 하나님의 뜻이니라" 이 말씀으로 주님은 나에게 특공부대의 힘든 훈련의 시간들의 의미를 깨닫게 해 주셨다. 하나님께서는 나를 연단하고 계셨다. 특공부대에서의 힘들고 어려운 훈련들, 다른 동료 군의관들과는 비교할 수 없이 힘든 군 생활을 주신 까닭은 나를 연단하시고 훈련하시어 좋은 열매 맺도록 하기 위하심을 알게 해 주셨다. 나의 군 생활 중의 신앙은 불사조 군인교회에서 주님과의 밀월로 쌓아졌다.

군의관의 아내

결혼하기 전까지 아내는 약대를 졸업한 후 병원에서 약사로 근무하고 있었다. 신혼여행 3일을 보내고 내가 곧바로 군의학교에 들어왔기 때문에, 아내는 결혼과 동시에 부모님이 계시는 순천에서 지냈다. 내가 군의학교 훈련이 끝나고 특공연대 군의관으로 부대가 결정되자 아내는 5월 초에 부대가 있는 오음리로 이사를 하였다. 강원도 산간에서 신혼살림을 차린 것이다. 이때부터 아내도 나와 함께 군 생활을 시작한 꼴이다. 이곳 특공부대에서는 군인가족들이 같은 아파트에 살면서 남편들의 훈련에 보조를 맞추어 같이 움직인다. 대대 야간 사격이 있는 날이면, 군인가족들이 연대본부에서 지원해 준 차량을 이용하여 야간사격장으로 국수를 끓여 나온다. 남편들이 10km 무장구보를 하는 날이면 각 대대에서 가족들이 한복을 차려입고 도로변에 나와서 응원을 한다. 천리행군에서 돌아오는 날도 가족들이 환영을 나온다. 해상훈련을 하고 있는 신포리 해변가와 가평 남이섬으로 군인가족들이 겸사겸사 위문차 방문하여 하루를 지내다 갔다. 부대에서 김장을 하거나, 체육대회를 할 때, 훈련을 마치고 와서 부대 회식을 할 때, 군인가족들은 거의 부대의 일원이 되어 함께한다. 강원도 산골에서 오직 군인 남편만을 바라보고, 부대 중심으로 삶이 이루어지는 군인가족들에게는 이것이 당연하고 또 중요하였다. 군인가족들 사이의 관계도 연대장, 대대장, 대대참모, 중대장, 주임상사 등 남편의 직위와 계급에 따라 보이지 않는 위계질서가 있다. 그렇지만, 무조건 계급이 좌우하지 않는 것이 그곳에서도 인생 경험이 많고, 사리에 밝으며, 리더십이 있는 연장자가 주로 모임을 이끌어 간다. 주로 주임상사나 선임 인사장교의 부인들이 이러한 역할을 하는 편이다. 아내도 이러한 군인가족들의 일원이 되어 함께 군 생활을 배워 나갔다. 그러나 내가 춘천에 위치한 통신대대에 근무할 때는 군인가족들이 모이는 일이 드물었다. 딱 한 번 연말 송년회를 병사들과 함께 사병식당에서 가졌는데, 아내가 그때 참석했던 기억이 나는 정도이다. 강원도 산골에서는 부대를 중심으로 군인가족들의 삶이 이루어졌지만, 춘천에서는 가족들을 부대행사에 참여토록 하는 경우가 적었다.

우리는 신혼이긴 하였으나 신혼의 기분을 내면서 강원도의 이곳저곳을 돌아다녀 보지도 못했다. 군의관 중위 월급이라야 얼마 되지 않아서 장인어른이 용돈을 부쳐 주는 형국이었다. 한번은 월급이라고 받았는데, 이것저것 제하고 나니까 65,000원이었다. 간혹한 번씩 춘천에 나가서 식사라도 하려면 그 비용이 만만치 않았다. 그래서 신혼시절을 군인아파트에서만 거의 지냈다. 산골이라 교통수단도 문제였거니와 우리 부부의 요령이 어디를 찾아 여행 다니는 재주가 있는 것도 아니었다. 고작 주일 오후에 아내와 함께 군인아파트 뒤로 난 산길을 따라 꽤 많이 걸었다고 생각했는데, 아파트 뒷산 기슭 정도에서 앉았다 오는 정도였다.

반면에 아내의 군 생활 중에서 예기치 못한 사건들이 있었는데 그것은 바로 아내가 첫 번 임신에서 유산을 한 것과 10km 무장 구보에서 내가 실신을 한 사건이었다. 오음리에서 신혼살림을 이제막 시작하던 때였다. 나와 함께 서울 육군본부를 다녀왔는데, 아내의 결혼반지에 박힌 다이아몬드가 어디론가 빠져서 사라진 것이다. 그때 아내는 유산을 하고 말았다. 그리고 특공부대에 온 지 두어

달이 지난 때였다. 특공부대의 훈련은 이제 물이 오르기 시작하였다. 나에게는 그야말로 연일 훈련에 훈련만이 계속되듯이 생각되었다. 10km 무장구보가 대대 간 비교평가 형태로 이루어졌다. 연대장이 주관한 자체 대대 평가였다. 특공부대 각 대대 간의 위관장교 전투력 싸움이었다. 대대 위관장교는 대략 ○○명 정도이다. 위관장교들은 4열종대로 줄을 맞춰서 10kg의 군장을 메고, 10km 거리를 주파해야 한다. 대대 간 평가요 경쟁이다보니 군장의 무게를 일일이 저울로 달았다. 위관장교로서 열외나 빠지는 경우는 허락되지 않았으며, 구보 중에 낙오자가 나오거나 탈락자가 나오는 경우도 실격으로 간주하였다. 구보 대열의 맨 앞줄에는 군의관, 육사출신의 ○○ 중대장, ○○중대의 소대장, ○○중대장이 섰다. 처음에는 왜 나를 맨 앞줄에 세웠는지를 알지 못했다. 나중에 들은 바에 의하면 체력이 약한 사람을 앞줄에 세운다는 것이다. 나는 맨 앞줄에서 의기양양 구보를 출발하였다. 앞줄에서 힘차게 달리면서 보니까 저 앞에서 한복을 곱게 차려입은 군인가족들이 손을 흔들며 응원을 하고 있는 모습이 보였다. 아내도 한복을 입고 나와서 나에게 손을 흔들고 있었다. 나는 걱정 말라는 표시로 아내에게 손을 흔들어 주었다. 그러나 5km 지점을 돌아서 올 때 나는 거의 실신상태에서 다른 장교들의 부축을 받으면서 달리고 있었다. 그리고 골인지점에는 대대장에게 업혀서 들어와야 했다. 연대 의무대로 옮겨졌다. 아내는 의무대로 옮기는 앰뷸런스 안에서 소리 죽여 눈물을 흘리고 있었다. 군의관인 남편이 훈련 중에 실신한 상태로 업혀 들어오고, 의무대로 옮겨지고 하는 모습을 보면서 이제 막 결혼한 신혼 아내의 마음은 어떠했을까?

그해 겨울에는 아내의 팔에 골절상을 당하는 일이 있었다. 겨울에 그곳에서는 스케이트를 탄다. 연대장 배 대대 간 스케이트 시합이 벌어지고, 이를 위해 겨우내 스케이트 연습이 이루어진다. 군인 가족들과 아이들도 모두 스케이트를 탄다. 아내는 따뜻한 남쪽에서 스케이트를 타본 적이 없었다. 아내는 군목이 춘천에서 사 온 피겨 스케이트용 신발을 신고 빙판 위에 첫걸음을 디뎠다. 그런데 그만 넘어지면서 오른손 손목에 골절상을 입은 것이다. 아내가 스케이트장에서 넘어져 연대 의무대로 갔다고 누군가가 일러 주었다. 아내를 찾아보니 아내는 이미 의무대에서 석고붕대로 캐스트를 하고 아파트에 와 있었다. 정형외과 전문의인 길 대위가 골절 부위를 잘 고정해 준 것이었다. 춘천 시내에 있는 정형외과를 찾아갔다. 엑스레이 사진을 찍어 보니 역시 오른손 요골이 골절되었다. 그 병원의 원장님은 내가 군의관임을 알고는 자신도 군의관 시절 스케이트를 탔던 얘기를 재미있게 하였다. 그리고 치료비를 받지 않았다. 이 일로 아내는 광주에 내려가서 손목의 골절상이 다 나을 때까지 친정집에서 머물렀다. 아내가 없는 아파트에서 지내기란 싫었다. 아내가 광주에 내려가고 없는 시간 동안 나에게도 어렵고 힘든 시련이 찾아왔다. 혹한기 훈련 중에 부대가 사고를 당한 것이다. 한 명의 전우를 잃었고, 많은 장병들이 동상에 걸려서 그해 겨울은 참으로 우울하고 힘든 겨울이 되었다. 아내는 다음 해 5월에 다시 오음리 군인아파트로 올라왔다. 특공부대의 훈련은 지난해의 일정과 비슷하게 다시 시작되었다. 천리행군을 하고 돌아오자 광주로 내려가기로 하였던 아내가 집에 있었다. 대신 장모님이 올라오셔서 함께 계셨다. 아내가 임신을 한 것이다. 그런데 이번에는 아내가 입덧을 너무 심하게 하는 것이었다. 아무것도 먹지를 못하자 나는 의무실에서 수액을 가져다가 아내에게 놓아 주었다. 한번은 수액을 놓으면서 아내의 정맥을 찾지 못해 여러 번 바늘을 찌르자 아내가 울기 시작하였다. 아내가 입덧으로 지쳐있자 나 역시 힘들었다. 의무실에 오면 나도 수액을 맞고 누워 있었다. 대대장이 보고는 집에는 군의관 사모님이 링거를 맞고 있고, 의무실에서는 군의관이 링거를 맞고 있냐고 하였다. 해상훈련을 위해서 부대를 떠나는 날이었다. 나의 훈련에 맞추어 아내를 데리러 처남과 나의 어머니가 올라오셨다. 해상훈련이 있는 곳까지 행군으로 가는데 우리는 군인아파트 뒷길을 지나갔다. 군인아파트를 지나가면서 돌아보니 아내가 핼쑥한 모습으로 베란다에 서서 손을 흔들고 있었다. 아내는 광주에 내려온 후에야 겨우 힘을 얻기 시작하였고, 친정집에서 장모님의 보호와 섬김 가운데 임신 기간을 보냈다. 그리고 첫아들을 다음 해 2월에 낳았다. 아내가 다시 강원도로 첫아들을 안고 올라온 것은 내가 춘천으로 전출되어 춘천시 후평동에 방 하나에 부엌이 있는 셋방을 얻은 다음이었다. 아직 100일도 안 된 첫아들을 안고 아내가 서울역에서 내리자 나는 아들을 안고 춘천까지 왔다. 한림이는 태어난 첫해를 이렇게 강원도 춘천에서 보냈다. 지금도 나는 강원도 산골 군인아파트와 후평동 단칸방에서 살던 시절의 사진을 보면서, 아내에게 말할 수 없는 감사와 고마움을 느낀다. 부부가 무엇이기에, 가정이란 무엇이기에 아내는 한 남자를 지아비로 삼고 어디든 언제든 마다하지 않고 함께 하는 것이 부부이며, 가족이라는 생각이 든다. 나와 함께하던 아내의 군 생활이 나에게 얼마나 큰 힘이 되었던가!

사진 **4** 연대본부에 있는 불사조 군인교회의 모습. 오른쪽이 필자의 아내.

파로호의 젊은 함성

"와 진짜 군인 같네!"
오월(五月)의 오음리 산야(山野)
10Km 무장구보
천리행군
하늘의 꽃, 공수강하훈련
혹한기 훈련

II 파로호의 젊은 함성

"와 진짜 군인 같네!"

특공부대 3대대에서 첫 군의관의 근무가 시작되었다. 훈련에 나갔다가 부대에 막 돌아온 한 소대장이 군의관이 새로 왔다는 소식을 들었는지 다가와서 자기를 소개하였다. 그 소대장은 아직 허리에 찬 탄띠며 군장을 풀지 않은 상태였다. 그런데 내가 소대장에게 건넨 첫마디가 "와 진짜 군인 같네!"였다. 내 눈에는 훈련에서 막 돌아온 소대장이 진짜 군인 같았다. 마치 영화에서 본 것 같은 그런 군인의 모습이었다. 진짜 군인 같다는 말에 그가 웃었다. 내가 특공부대에서 받은 첫인상이 정말 군인 같은 군인들의 모습이었다. K1소총을 허리에 비껴 차고 큼직한 특전배낭을 멘 특공대 군인들은 민첩하였고 눈빛이 살아 있었다. 그들을 본 첫 소감은 전쟁이 나더라도 우리가 이기겠다는 확신이었다. 특공부대 군인들을 보고 있으면 자랑스럽고 알 수 없는 긍지와 자부심이 가슴 속에서 솟아났다. 그들은 우선 강도 높은 훈련을 받고 있었다. 강하고 고된 훈련 가운데서도 힘들어 하기보다는 특공부대 군인으로서의 자부심을 가지고 있었다. 실제로 그들은 오른쪽 가슴팍에 비스듬히 부착하고 다니는 특공부대의 불사조 마크에 큰 긍지를 가지고 있었다. 무엇이 특공부대 병사들에게 그러한 긍지를 심어 주는가? 그것은 강도 높고 힘든 특공부대 훈련들이었다. 특공부대는 ○○명이 1개 소대를 이루고 있다. 소대는 소대장을 중심으로 소대원들이 혼연일체가 되어서 모든 작전과 훈련을 수행한다. 이들은 소대단위로 2박 3일씩 산속에 들어가서 매복 작전을 수행하고 돌아온다. 이들에게 지급되는 부식은 쌀과 고기 등 상당히 고급이었다. 산속에서 이렇게 함께 지내는 시간들이 많다 보니 소대원들은 서로가 혼연일체가 된다. 일반 보병부대가 주로 영내에서 생활하고, 내무반 생활이 많은 반면, 특공부대 병사들은 부대를 떠나 야전에서 텐트를 치고 생활하는 시간이 많다. 부대에 머무는 시간보다 행군하여 이동하는 시간이 많다. 그러다 보니 자연스럽게 이들에게는 야성(野性)적 기질이 형성된다. 적지를 침투하고 습격하는 특공부대원의 체질로 바뀌게 된다. 특공부대 병사들에게서는 영내에서 생활하고 있는 모습보다는 행군을 하고, 산속에서 지내는 모습에서 특공부대 본연의 모습을 보게 된다. 실제로, 특공부대 병사들의 생활이란, 1~2주간의 야전생활에서 돌아오면, 대략 3~4주 정도의 정비시간을 갖는다. 이때는 전투복을 빨고, 말리는 등 부대에서 병사들은 거의 운동복 팬티만 걸치고 다닌다. 그러다가 다시 이들은 다음 훈련을 위해 부대를 떠나게 된다. 나는 특공부대 군의관으로 이 정예의 자랑스러운 특공대 병사들과 함께 생활하면서 나 역시 특공부대의 일원이 되어 가기 시작하였다.

오월(五月)의 오음리 산야(山野)

강원도의 산과 계곡에 5월의 봄기운이 감도는 계절이었다. 나뭇가지에는 야들야들한 새잎이 돋고 있었다. 산기슭이 연한 푸른색으로부터 짙은 녹색의 나뭇잎에 이르기까지 생명의 환희를 느끼게 하였다. 푸른 군복의 특공대원들이 오음리의 산과 계곡을 누비면서 전술훈련으로 나날을 보내는 때가 시작된 것이다. 나는 이제 갓 중위계급장을 달고 이곳 부대로 왔는데, 군의관으로서의 정체성이 확립되기도 전에 나는 특공부대를 배워야 했다. 특공부대에서는 모든 훈련에서 병력은 전술행군으로 이동한다. 마치 삼국시대의 병사들처럼 걷고 있다는 생각이 들 정도이다. 현대전에서 이렇게 걸어서 이동한다는 것이 의미가 있는가 싶기도 하였다.

훈련이 시작되자 부대는 연일 전술회의와 소대별 작전, 그리고 작전 후 자체평가 등으로 분주하였다. 대대장은 대대 참모진을 평가관으로 편성하여 소대단위 전술작전을 평가하도록 하였다. 군의관도 평가관으로 소대병력의 작전을 동행하였다. 작전은 저녁식사를 한 후 어두워지면서 시작되었다. 어느 지역에 있는 교량을 습격하여 폭파하는 것이 소대의 임무라고 하였다. 소대장은 ROTC 출신의 중위였는데, 소대원들과 함께 침투로를 따라 이동하였다. 소대는 일렬종대의 침투 대형을 이루면서 강원도 옥수수가 키보다 높이 자란 밭 자락을 지나고, 허리까지 찬 풀숲을 지나갔다. 작은 개울을 건너고 산을 넘으면서 그들은 목표지점을 향해 나아갔다. 이동 중에 잠시 휴식을 취하기도 하였다. 평가관은 평가지표에 나와 있는 대로 소대의 전술행동을 일일이 체크해야 한다. 중위 계급장을 달고 특공부대에 온 지 채 한 달 남짓한 초임의 군의관에게 모든 것은 생소하고 어설프기만 하였다. 특공소대 병사들이 가는 대로 무작정 따라가는 것이 전부였다. 자정이 넘고 시간이 많이 흘렀다. 소대병력은 목표지점의 나지막한 산 정상에 이르렀다. 침투조는 목표물인 교량에 접근하기 위해서 육로가 아닌 물길로 잠입해 들어갔다. 특공부대 병사들은 사철을 가리지 않고 침투습격에 필요하다 싶으면 수중침투도 감행한다. 한번은 아내 혼자 있는 아파트에 잘 알고 지내던 소대장 한 사람이 밤중에 찾아와 문을 두드렸다. 겨울인데 침투 작전 중에 소대장이 물속으로 들어갔다는 것이다. 작전이 끝나자 추위에 떨던 소대장은 내가 있으려니 하고 군의관 아파트를 찾았던 것이다. 아내는 혼자 있어서 조금 무서웠지만 온몸이 젖고 언 채로 서 있는 그에게 내 옷을 내 준 적이 있었다.

침투조는 그렇게 수중침투를 하고 있었다. 소대장과 나머지 소대원들은 목표물에서 약간 떨어진 곳에서 무전으로 침투조와 교신을 하고 있었다. 드디어 침투조로부터 작전성공이라는 연락이 오자 소대장을 비롯하여 소대원들은 환호를 지르고 좋아하였다. 폭파는 실제가 아니라 가상의 훈련이었다. 그들은 반합 뚜껑에다 소주를 나눠 마시면서 그날 밤의 작전성공을 자축하고 있었다. 타격 후 소대는 도피탈출을 해야 한다. 소대병력이 도피로를 따라 이동할 때 비가 내리기 시작하였다. 우리는 판초우의를 꺼내 입었다. 신록이 우거진 5월의 숲 속에도 어슴푸레 새벽이 오기 시작하였다. 병사들은 비 내리는 숲 속에서 아침을 지어 먹고 오전 중에 부대로 복귀한다. 나는 작전 종료를 확인하고는 먼저 철수하기로 하였다. 소대장이 소대원을 정렬시키고 나에게 경례를 하였다. 산을 내려오니 논길이 나왔다. 비가 점점 거세게 내리고 있었다. 날은 밝았고, 논길을 따라 한참 걷다 보니 눈에 익은 도로가 나왔다. 비에 흠뻑 젖어서 아파트에 도착하니 고향에서 아버지와 어머니가 와 계셨다.

10Km 무장구보

반환점인 5km까지는 그런대로 잘 달렸다. 맨 앞줄의 네 명은 위관 장교 중에서 체격이 상대적으로 적거나 체력이 약한 편에 속한 장교들이 섰다. 군의관인 나와 육사 출신인 ○○중대장, ○○중대장, 그리고 소대장 한 명이었다. 구령을 붙이는 ○중대장은 건장하고 성격이 괄괄한 대위였다. 그는 출발한 지 얼마 후부터 "군의관! 발이 맞지 않아!" 하면서 나를 지적하였다. 난생 처음 10kg의 군장을 메어 본 것도 그러하지만 군장을 메고 이처럼 빠른 속도로 질주하는 구보를 해 본 것은 더더욱 처음인 것이다. 키가 작은 나의 보폭이 4열종대로 열을 맞추어 일정한 속도로 구보하는 구보대열에서 조금씩 처지기 시작한 신호였다. 거기다가 출발하면서부터 나는 자꾸 뒤에서 무언가 나의 군장을 잡아당기는 듯한 느낌을 받았다. 군장의 무게가 나의 무게 중심을 끌어당기고 있었다. 연대장이 격려차 나와서 지켜보고 있었다. 연대장은 군의관도 이렇게 함께 구보하는 것을 생각해서라도 다들 열심히 잘하라고 다른 장교들을 독려하고 있었다. 다른 대대 군의관들은 어떻게 하고 있을까? 나중에 안 일이지만 ○대대 군의관인 권 중위는 발목에 붕대를 감고 나와서 빠졌고, ○대대 군의관은 보이지 않았다. 평소 달리기를 좋아하고 열심히 체력을 연마하던 ○대대 군의관인 나 중위만 끝까지 달렸다. 비록 낙오하여 후미에 쳐져 혼자 들어오긴 했지만 나처럼 그로기가 되어 업혀서 들어오지는 않았던 모양이다. 나 중위를 생각하면 고맙고 감사하다. 그는 서울대를 나온 군의관으로 나보다 1년 앞서 이곳에 근무하고 있었다. 그러니까 나와는 1년간 함께 지내다 후방으로 전출을 갔다. 지금은 삼성병원에서 신경과를 전공하는 교수란다. 그의 소식이 궁금하다. 늘 나에게 조언과 따뜻한 위로를 해 주던 그가 지금도 고맙고 한 번 만나고 싶다. 내가 군 위탁 수련을 결정하여 지원서를 제출하자 만류하면서 나중에 제대하면 좋은 자리 있을 터이니 군 위탁 받지 말란다. 군에서 몇 년 만 있어도 사회에 나가기 힘들단다. 그때 그가 이런 조언을 해 주지 않았다면 아마 나는 지금 어느 곳에서 무엇을 하고 있을까? 그의 조언을 받아들여 나는 아내와 육군본부를 방문하여 담당자를 만나고 지원을 취소하였다. 그 일로 아내는 유산을 하였다. 아무튼 나는 서울에 있는 수도통합병원이나 육군본부를 방문할 때면 아내와 함께 다니곤 하였는데 오음리에서 서울까지 오고가는 여행길이 힘들었든지 아내는 첫 번 임신에서 유산을 하고 말았다.

5km 반환점에 이르자 나의 체력과 인내는 한계에 이르렀다. 달려온 길만큼 다시 뛰어갈 체력도 인내력도 바닥났다. 숨은 턱에 차고 심장의 박동은 가슴이 터질 듯하였다. 혼자서 속도를 조절해 가면서

뛴다면 할 수 있겠는데 특공부대 장교들의 사력을 다한 구보속도를 나는 감당해 낼 수 없었다. 앞에서 달려가는 부대는 ○대대, 뒤에서는 ○대대가 질주해 오고 있었다. 경쟁 속에서 치열한 전투력 측정이 이루어지고 있었다. 낙오자 한 명이라도 있으면 안 된다. 처음에는 군장을 고정시킬 목적으로 허리에 감은 태권도 검정 띠를 풀어 양쪽에서 나를 끌어 주었다. 군장을 받아서 소대장 한 명이 자기군장 위에 얹고는 달렸다. 나를 놓아 주면 좋겠는데 좌우에서 나를 끌고 달리는 구보행렬은 사투를 벌리고 있었다. 가슴은 터질 것 같고, 7월의 더위 속에서 땀은 온몸을 적셨다. 눈앞이 희미해졌다. 이러다가 죽을 것 같다는 생각이 들었다. 그 와중에 작전관이 헬멧을 벗어 나의 헬멧을 쳤다. 대대장이 "작전관 안 돼!" 하며 저지했다.

정신력의 문제였을까? 아니면 나를 보호하고자 하는 이기적인 생명애(生命愛)의 본능 때문이었을까? 아직 의식이 남아 있는 상태에서 나는 그 자리에서 쓰러졌다. 사투를 벌리는 이 구보 대열로부터 놓아주기를 바라는 최후의 수단이었으며, 생명의 위협을 느낀 자기방어였다. 그러나 구보대열은 한 명의 낙오자를 허용하지 않았다. 이미 군장은 다른 소대장이 짊어지고 뛰고 있는 것이다. 키 180cm의 대대장이 나를 들쳐 업었다. 대대장은 군장 없이 우리와 함께 달리고 있었다. 그렇게 업혀서 골인지점까지 이른 거리가 얼마나 될까? 족히 2km는 될 것이다.

골인지점이며 출발지점인 헬기장에 모였을 때 나는 한쪽 풀밭에 누워 있었다. 의무대로 옮겨졌다. 아내가 곁에서 소리 없이 울고 있었다. 의무대에 도착하자마자 수액을 뽑고 군인아파트로 와 버렸다. 조금 있으니 대대장과 대대 중대장 참모들이 박카스를 한 박스를 사 들고 아파트로 위문을 왔다. 고백하자면 당시 나는 끝까지 의식이 있었다. 생명에 대한 보호본능이 남은 2km를 더 달릴 수 없게 하였다. 그러나 분명한 것은 군의관에게 그것은 체력한계를 넘는 상황이었다. 몇 주 후 수도통합병원에 환자 후송차 들린 적이 있었다. 영안실로 소대장 한 명의 시신과 병사 두 명의 시신이 실려 왔다. 전투력 측정을 위한 무리한 구보 중에 사망하였다고 하였다.

천리행군

천리행군이라는 말을 처음 들은 건 군의학교를 마칠 무렵이었다. 군의학교의 교육기간은 6주간의 3군 사관학교 기초 군사훈련을 포함하여 약 9주간이 소요되는데, 영천에 있었던 3군 사관학교에서의 기초군사 훈련을 마친 후 우리는 진로가 결정되었다. 현역 육해공군 군의관으로 3년간 군복무를 해야 하는 사람들이 대부분이고, 일부는 공중 보건의로 배정되기도 한다. 나는 현역 육군 군의관으로 배정되었다. 그리고 이어서 근무지가 발표되었는데, 나는 702특공연대로 배치되었다. 자기 근무지가 결정된 사람들은 서로 근무지의 여건 등을 알아보느라고 군의학교는 이내 술렁거리고 있었다. 나역시 702특공연대가 어디에 있는 부대이며, 어떤 부대인지를 알아보고자 했으나 아는 사람이 없는 듯하였다. 그런데 장교 한 분이 알려 주기를 702특공연대는 강원도 화천군에 위치하며, 천리행군을 한다는 얘기를 해 준 것이다.

특공연대에 관해서 내가 얻은 유일한 정보는 천리행군을 한다는 것인데, 부대에 배치된 얼마 후 드디어 특공3단계 훈련에 이은 천리행군이 시작되었다. 천리행군이란 말 그대로 천리를 행군하는 것이다. 천리는 400km를 두고 하는 말인데, 산악행군을 감안하여 전체 도상 거리가 약 3 - 400km가 되었다. 우리 부대가 속한 ○군단 지역을 일주일간 행군하는 훈련으로서 우리는 월요일 점심을 먹고 부대를 출발하였다. 천리행군을 출발하기에 앞서 전 부대 장병은 연병장에 모여서 군장검사를 실시한다. 특전배낭에 군화며, 야전삽 등 필수 군장을 검사한 후 중대별로 부대를 출발하여 일주일간의 긴 행군에 들어간다. 대대장이 훈련을 시작하면서 부대원을 연병장에 세워 두고 훈시를 하였다. 여름에 군장을 메고 행군한다는 것이 힘든 일이긴 하지만, 요즘은 돈 있는 사람들이 레저로 즐기는 훈련이니 즐겁게 감당하라는 것이다. 행군코스는 파로호를 감고 도는 구만리 쪽 국도를 경유하여 화천을 지나 월요일 밤에 해산을 넘는 것으로 시작된다. 나는 특공연대에서 두 차례의 천리행군을 하면서 두 번 모두 첫날 해산을 넘었다. 장병들의 군장은 특전 배낭으로 무장된 완전 군장차림이지만 군의관은 K1소총과 판초우의만을 간단히 챙긴 단독군장 차림으로 대대병력을 동행하였다. 나는 늘 대대장을 수행하는 입장이었다. 연대본부로부터 앰뷸런스 차량이 한 대 지원되기는 하였으나 행군의 대부분이 야간 산악행군이다 보니 앰뷸런스는 목적지에 미리 가서 대기하고 있는 실정이고, 군의관은 대대장을 수행하여 늘 행군대열과 함께하였다. 행군 첫날 우리는 해산을 목전에 두고 저녁식사를 하였다. 그리고 날이 어둑해지면서 본격적으로 야간 산악행군이 시작되었다. 해산은 높이가 해발 약 800 - 1,000m의 그리 높지 않은 산이었지만 바위들이 많이 있는 가파른 경사지를 올라가야 하는 위험한 코스였다. 그리고 정상에서 약 4-5시간을 행군해야만 산 너머 국도에 이르는 상당히 난코스의 행군이다. 우리는 중대별로 일렬종대의 대형을 유지하면서 가파른 경사지를 오르고 있었다. 바위들이 가끔씩 구르기도 하였고, 앞사람의 엉덩이가 바로 머리에 닿을 정도로 급경사였다. 사방은 이미 캄캄해지고, 산악행군에서는 밝은 손전등을 밝힐 수 없다. 필터를 끼운 어둠침침한 불빛에 겨우 의지하여 대대병력이 해산을 오르는 중에 사고가 발생하였다. 선두 대열이 오르면서 바위를 잘못 밟았는지, 저 위쪽으로부터 우두둑 우두둑하면서 돌멩이가 굴러 내리는 소리가 들리고, 이어서 병사들의 위험을 알리는 소리가 들렸다. 바위 굴러 내리는 소리가 밤공기를 가르면서 우리 쪽을 향해 다가오기 시작하였다. 일순간 캄캄한 경사지 행군대열에서는 긴장과 공포가 흘렀다. 여기저기서 "피해라!" 하는 외마디가 들리고, 어둠 속에서 병사들이 좌우로 몸을 날리는 모습이 보였다. 나 역시 돌멩이가 굴러 내려오는 소리를 점점 가까이 느끼면서 돌을 피하기 위해 힘을 다해 몸을 날렸다. 다행히 아무도 돌에 받힌 사람이 없이 돌멩이는 저 아래쪽 계곡으로 굴러 내려갔다. 안도의 순간이었다. 그런데 나의 오른쪽 손등이 아프다. 몸을 날려 피하긴 피하였는데, 나는 뾰족한 바위들이 있는 곳에 넘어졌던 것이다. 그리고 오른 손등이 돌에 부딪혀 찢어지고, 피가 흐르기 시작하였다. 특공연대는 소대마다 ○명씩의 의무병이 있다. 그러므로 중대마다 ○○명 남짓의 의무병이 있는 꼴이다. 대대 의무실 요원으로서 군의관을 직접 돕고 있는 의무병은 본부중대 소속 ○명의 의무병이 있고, 나머지는 각 중대와 소대에서 전시에 역할을 할 편제로 이루어졌다. 군의관이 넘어져서 오른 손등에서 피가 흐르자 가까이서 중대 의무병이 응급조치를 해 주었다. 중대 의무병들은 야전 배낭을 메고 다니는데, 배낭 속에는 수술기구 등, 간단한 처치 기구가 들어 있다. 개인 병사들에게도 약간씩의 탄력붕대가 지급된다. 의무병은 나의 오른손에 탄력붕대를 잘 감아 주었다. 천리행군하면 나는 강원도 화천군에 위치한 해산을 결코 잊을 수 가 없다. 해산은 내가 특공연대에 근무하는 2년 동안 두 번의 천리행군을 하면서 두 번 모두 올라야 했던 천리행군의 첫날 관문이기도 하다. 첫 번째 행군에서 나는 오른손에 부상을 입었다. 지금도 그 흉터가 나의 오른 손등에 선명하게 남아 있다. 두 번째 천리행군에서도 나는 해

사진 **5** 천리행군

천리행군은 주로 산악행군이다. 중대장의 모습도 보인다.
❖ 출처 : 대한민국702특공전우회(http://702commando.co.kr)

산에서 매우 힘든 시간을 가졌다. 해산은 문자 그대로 해산, 즉 산모가 아이를 낳듯이 고통스러운 산인 모양이다. 그런데 이 가파른 험한 산에 벌목용 트럭이 다니는 도로가 만들어져 있다. 돌을 깔아서 바퀴가 흙 속에 박히지 않도록 만든 도로는 일반 차량은 엄두를 낼 수 없는 급경사인데, 이런 곳에서 나무를 베고, 목재를 운반한다는 것이다.

두 번째 해산을 넘을 때의 일이었다. 우리는 해산을 넘기 전에 산 아래에서 저녁을 먹고 출발하였다. 이때 나는 행군 중의 배고픔에 대한 기억이 되살아났다. 행군 중 배고픔이란 몹시 고통스러운 것이었다. 그래서인지 나는 저녁밥을 든든히 먹는답시고 급하게 식사를 하였던 모양이다. 소위 나는 급체를 하였다. 또 상황이 좋지 못하였다. 저녁 식사를 마치자마자 나는 대대장, 통신장교와 함께 행군대열의 선두에서 오르기 시작하였다. 대대장은 무슨 영문이었는지 모르지만 매우 빠른 속도로 산을 올랐다. 나와 통신장교는 그런 대대장을 놓치지 않으려고 힘을 다해 대대장의 뒤를 따라 산을 올랐다. 그러다보니, 평소보다 많이 먹었던 저녁식사로 인해 나는 급체를 하게 된 것이다. 해산의 정상 부위에 겨우 올랐을 때 마치 멀미를 하는 증상을 느꼈다. 속이 메스껍더니 구토를 하고 머리가 아프고 현기증이 났다. 온몸의 힘이 빠져서 도저히 더 이상 행군할 기력이 없어졌다. 산악행군이란 겨우 혼자 몸으로 오르거나 좁고 위험한 바윗길을 걸어야 하기 때문에 부상병이 발생하더라도 적절한 조치가 어렵다. 군의관 스스로 생각하더라도 이곳 산 정상에서 기동력을 상실하게 되면 누가 과연 도울 수 있겠는가 하는 염려가 들었다. 아무도 나를 도와서 옮겨 줄 수 있는 여건이 아니었다. 현재 위치로부터 차량이동이 가능한 지역까지의 최단시간이 약 다섯 시간이 걸린다고 하니 참으로 막막한 상황이었다. 나는 도저히 더 이상 몸을 가누기 어렵게 구토와 현기증, 두통을 느끼면서 고통하고 있었다. 그런데 다행히 대대장이 선두 그룹을 정지시키고 대대 후미 병력이 산을 다 오르기까지 기다리도록 하였다. 선두의 행군 속도가 너무 빠른 반면에, 후미의 행군 속도가 느려서 대대장이 화가 난 것이다. 대대장은 무전으로 후미의 병력들에게 행군 속도를 낼 것을 다그치고 있었다. 대대장은 병사들을 향해서 화를 내고 있었다. 대신 선두 그룹인 우리들은 후미 병력이 다 올라올 때까지 마냥 기다려야 했다. 하나님이 나를 도우셨다. 나는 그 시간에 곁에 있던 병사의 배낭 모서리에 의지하여 산 정상 풀밭에서 잠깐 잠이 들었다. 이렇게 비몽사몽 잠이 든 시간이 얼핏 한 시간쯤 된 것 같았다. 후미의 행군 속도가 나를 도운 것이었다. 나는 약 한 시간 동안의 휴식으로 컨디션이 거의 회복이 되었다. 그런데 비몽사몽 잠결에 꿈을 꾸었다. 마치 초음파를 보듯이 동그랗게 뱃속의 아이가 헤엄치며 움직이는 모습을 너무나 선명하게 보았다. 결혼 후 일 년이 넘도록 아직 아이가 생기지 않아서 은근히 걱정을 하고 있던 차였다. 특공부대에 온 지 얼마 되지 않아서 나는 서울에 있는 육군본부를 다녀오는 데 아내와 동행하였다. 이때 아내는 첫 임신에서 유산을 하고 말았다. 그 후 아이가 얼른 생기지 않았다. 천리행군을 출발하면서 아내는 광주에 내려가기로 하고 나는 훈련을 시작하였다. 그런데 천리행군 첫날에 태몽을 꾼 것이다. 아들이었다. 그리고 천리행군을 마치고 부대에 복귀하여 아파트에 와 보니 광주에 내려가기로 한 아내가 집에 그대로 있었다. 어찌된 영문인지를 묻자, 태기가 있는 것 같아 내려가지 않았다고 하였다. 대신 광주에서 장모님이 올라 오셔서 내가 훈련 나간 일주일간 함께 계셨다.

해산을 마침내 넘은 부대는 다음 날 새벽에 숙영지에 도착하였다. 숙영지에 도착한 부대는 일단 취침에 들어간다. 그리고 군수차량이 지원해 주는 부식을 지급받아 소대별로 식사를 준비한다. 숙영지에서는 주로 병사들이 가져다주는 식사와 군의관을 위해 준비해 준 개인텐트에서 잠을 잔다. 숙영지 배치는 중대별로 산을 끼고 위치하는데, 중대는 다시 소대별로 진을 친다. 산악지역이기 때문에 화장실을 설치하지 않고, 한적한 숲 속이면 어디나 화장실이 된다. 숙영지에서 머무는 시간은 그리 길지 않다. 낮 시간의 뜨거운 태양과 더위를 피할 목적으로 취침과 식사를 해결하고, 서늘한 저녁시간에 행군이 다시 시작된다. 그러다 보니, 두 사람이 함께 쓰는 A텐트를 설치하는 일도 때로는 번거로운 작업이 된다. 그래서 대부분 나무와 나무를 이은 그늘막 설치만 하고, 그 밑에서 잠을 자는 경우도 많다. 군의관을 위해서는 의무병들이 텐트를 설치해 주었고, 식사를 챙겨 주었다. 나는 오른손의 부상으로 인하여 모든 것이 불편하였다. 화장실을 가기도 힘들었고, 세수하기도 힘들었다. 이렇게 한 손에 붕대를 감은 채 일주일간의 행군은 계속되었다. 모든 것이 낯설고 처음 겪어 보는 상황이었다. 내가 할 수 있는 것이란 무작정 걷고 또 걷고, 부대의 행군대열을 따라서 함께 따라가는 일이 전부였다. 행군하는 일에서만은 군의관이라고 특별한 대우가 있는 것도 아니었다. 대대장도 병사들과 함께 행군하였기 때문이다. 어쩌다 대대장이 지휘목적으로 지프차를 타고 이동하는 일이 있는데 이때는 군의관도 대대장의 차량 뒷좌석에 앉아 모처럼 차를 타고 이동하는 행운을 얻기도 한다. 하지만 애초부터 앰뷸런스는 군의관이 이용하는 차량이 아니었다. 행군하다가 10분씩 갖는 휴식시간에는 길바닥이나 산속 풀숲에 덜썩 주저앉아 휴식을 취한다. 긴 행군을 하다 보면 배가 고프다. 어둠 속에서 잠시 휴식시간에 병사들이 반합을 열고 요기를 하기도 한다. 옆에 있던 소대장이 건네준 주먹밥을 얻어먹어 보니 시장할 때 먹는 그 맛이 기가 막혔다. 피곤할 때는 10분간의 휴식시간에 배낭을 기대고 앉아 짧은 잠을 자기도 하는데 단독군장 차림의 군의관에게는 마땅히 기댈 배낭이 없었다. 그럴 때는 곁에 있는 병사의 배낭 모서리에 잠시 의지하여 피곤을 풀기도 한다. 병사들은 빵이나 우유 같은 간식을 나누어 먹을 때가 있다. 그들이 건네주는 빵과 우유가 꿀맛과도 같다. 군의학교에 들어간 때가 2월 7일이고, 군의학교에서 특공연대 배치를 받아 부대에 전입한 때는 4월 25일이었는데, 부대 도착하자마자 시작된 훈련은 7월쯤에 이르러 천리행군으로 이어졌다. 군복을 입은 지 6개월 된 신참인 셈이다. 병사들로 비하면 아마도 일병과 맞먹는 군 생활 경험을 하던 때였다. 군의관 중위 계급장을 달았지만 나는 그야말로 풋내기 신병과 다를 바가 없었다. 모든 것이 처음이었고, 모든 것이 생소하였다. 장교들이나 병사들이 하는 것을 보고 따라 하는 형국이었다. 그러니 행군에서 걷는 일을 제외하고는 의무병들이 섬겨 주는 대로, 이것저것 눈치 보듯 그저 따라 하는 것이다. 그래도 지금 생각하니 가는 곳마다 의무병들이 잠자리를 위한 텐트를 설치해 주었고, 매 끼니 식사를 가져다주었고, 낯설고 경험 없었던 나에게 이것저것 직접 챙겨들 준 것이 고맙고 감사하다. 군의관에게는 군사용어마저도 익숙하지 않았다. 한번은 "실탄"

을 달라고 해야 하는데 "총알 좀 달라"고 말했다가 군의관이 총알을 달라고 한다고 다들 웃었다. 실탄이라는 용어가 얼른 떠오르지 않고 총알이라는 쉬운 말이 떠올랐던 것이다. 군에서는 통신보안을 중요하게 다룬다. 그래서 간결하고 사무적인 내용만을 짧게 말하는 것이 상례다. 그런데 무전기를 사용하는 것도 군의관에게는 생소하였다. 천리행군 중 우리는 강원도 휴전선 근방의 대성산을 넘고 있었다. 대성산은 저녁밥을 먹고 행군을 시작하여 다음 날 아침에 반대편 목적지에 이르는 힘든 산행이었다. 대성산을 종단하는 비포장 군사도로를 밤새도록 걷고 또 걷는 중이었다. 긴 행군으로 모두가 지쳐 있었고, 나 역시 천리행군을 출발한 이래로 가장 힘든 행군을 하고 있었다. 현기증이 일어나고 체력의 한계를 느끼는 순간이었다. 저 능선만 오르면 정상이겠지 하고 한 구비 모퉁이를 돌고 나면, 저 멀리 또 다른 능선이 나타났다. 저녁밥을 먹었지만, 오랜 행군으로 허기가 졌다. 휴식시간에 한두 병사가 반합에 담아 온 밥을 먹는지 어둠 속에서 딸그락 딸그락 소리가 들렸다. 그 소리를 들으니 더욱 배가 고파 왔다. 이렇게 힘든 상황에 갑자기 대대장으로부터 무전연락이 왔다. 대대장은 차량을 타고 이동하면서 군의관의 동정이 걱정이 되었던지, 군의관을 찾았다. 중대 무전병으로부터 무전기 수화기를 건네받으니 대대장의 목소리가 들려왔다. 대대장은 경상도 억양이 섞인 어투로 물었다. "군의관 행군하는 데 힘들지 않나? 잘할 수 있겠나?" 갑자기 대대장님의 배려의 마음이 무전기를 통해 느껴져 왔다. 군의관이 현기증을 느끼고 힘들게 행군하고 있다는 정보가 대대장에게까지 들어갔던 모양이다. "대대장님 괜찮습니다. 전화 주셔서 감사합니다." 대충 이런 식으로 대대장에게 걱정해 준 것을 감사하다는 말을 한 것 같은데, 나중에 대대장은 두고두고 군의관이 무전기에다 대고 그런 말을 하더라고 웃고는 하였다. 즉 나는 군사통신 용어가 아닌 일반 전화 방식으로 대대장에게 감사의 표시를 한 것이었다. 아마도 이렇게 대답했어야 했다. "군의관은 현재 이상 없다! 이상"

대성산을 완전히 넘어 산 아래 군부대를 지날 때, ○사단 군악대가 마중을 나와서 병사들을 위해 군가 연주를 해 주었다. 우리는 솟아오르는 아침 해를 맞으면서 군악대의 연주에 의기양양 또 한 고비의 행군여정을 지나고 있었다. 군악대를 이끌고 나온 장교와 인사를 나누는데, 대대장이 군의관이라고 소개하자 나는 붕대를 감

사진 6 훈련에서 복귀하는 모습

훈련에서 복귀하는 장면으로서 오음리의 모습과 양구 방면으로 연결된 국도가 보인다.
❖ 출처 : 대한민국702특공전우회(http://702commando.co.kr)

은 오른손 대신에 왼손을 내밀어 악수하였다. 그러자, 군의관이 부상 당했느냐고 웃었다.

천리행군은 ○군단 작전지역을 돌아오는 훈련으로서, 우리는 행군 중에 많은 ○군단 예하 부대들의 모습을 지나쳤다. 밤에 행군할 때는 부대를 지날 때 병사들이 나와서 물을 제공해 주는 등 우리의 천리행군 정보를 다 알고 있는 듯하였다. 아마도, 702특공연대가 천리행군을 하면서 언제 어디를 지나간다고 하는 정보가 하달되지 않는가 하는 추정을 한다. 간혹 낮에 행군을 하다 보면 전방 부대들의 전경과 모습을 보게 된다. 우리는 ○사단과 ○사단, ○사단이 주둔하고 있던 지역들을 두루 행군하였다. 밤에 산악을 행군할 때는 지도를 보면서 행군코스를 확인하는데, 야간 독도법이란 것이 쉽지 않은 경우가 많다. 그도 그럴 것이 지형지물이 없이 비슷비슷한 산세만을 파악하여 진로를 확보하여야 하는 데 때론 대대장을 비롯하여 대대 참모들이 길을 찾느라 갑론을박하는 경우도 있었다. 물론 천리행군을 하기 전에 지형답사라고 하여 전체적인 행군코스를 확인하는 작업이 이루어지지만, 야간에 산속에서 길을 잃고 밤새도록 방황하는 경우도 간혹 있었다. 첫 번째 천리행군에서 우리는 두어 번 산속에서 독도법의 혼선으로 길을 잃고 헤매었는데, 잊을 수 없는 사건은 행군 마지막 날 춘천에서 오음리 부대로 연결된 산악행군 때였다. 우리는 어둑해진 저녁시간에 춘천외곽 지역에서 시작하는 험준한 산악행군에 진입하였다. 참외밭을 지나는데 누런 참외들이 여기저기 탐스럽게 흩어져 있었다. 무심결에 참외를 한두 개 먹고 싶다는 생각에 참외밭으로 성큼성큼 들어가 참외 한 개를 따려고 하는데 대대장이 뒤에서 불렀다. "군의관, 하나님이 보고 계세요" 당시만 해도 나는 나의 행동에 무척 관대하였다. "대대장님 일단 하나 먹고 회개하지요" 그것이 그 당시 나의 신앙이었다. 기독교인이 율법으로부터는 자유롭다는 생각에 나는 사소한 죄에 대한 심각성을 느끼지 않았던 것이다.

산자락에 있는 밭들을 지나 산기슭으로 접어들었다. 작은 등산로를 따라 산을 오를수록 나무가 울창하고 풀들이 무성하였다. 날은 어두워졌고, 간간히 훈련용 비트가 보이고, 헌 군화가 풀숲에 버려져 있는 것도 보였다. 대대장은 전술훈련 목적에서였는지 모든 장병들에게 실탄을 지급하였다. 산세가 더욱 힘해지는가 싶더니 갑자기 어디선가 거대한 물소리가 들렸다. 산속에 거대한 물줄기가 형성되어서 폭포를 이루고, 넓은 계곡이 만들어져 있었다. 캄캄한 숲속 밤인데 하얀 물보라를 일으키며 거세게 흐르는 계곡물이 희미하게 보였다. 누가 이 산중에 저렇게 장엄한 계곡물이 폭포를 이루며 흐르고 있다는 사실을 짐작이나 했겠는가 하는 생각이 들었다. 한참을 더 오르니 물소리는 사라지고, 산속에서 방향을 잡기가 힘들었다. 이 봉우리가 저 봉우리 같아서 대대장과 작전장교가 지도를 펴놓고 이쪽이니 저쪽이니 하고 있었다. 중대병력과는 서로 다른 길로 접어들었기 때문에 대대본부의 병력만이 고립되어 산악행군을 하고 있었다. 길을 잃고 헤매기를 몇 시간이나 방황했을까? 아침이 밝아 왔다. 그런데 우리는 모두 저 아래 배후령 고개를 보고는 길을 잘못 든 사실을 알았다. 우리가 가고자 하던 행군로와는 반대쪽으로 왔던 것이다. 우리는 다시 능선을 타고 부대가 집결하고자 하던 지점을 향해 걸었다.

특공부대에서 나는 수없이 걷고 또 걸었다. 2년간의 특공부대 군의관 생활을 하면서 두 차례의 천리행군을 완주하였다. 두 차례에 걸쳐서 오음리에서 경기도 광주에 있는 공수강하훈련장까지 왕복 행군을 하였다. 그리고 두 차례의 해상훈련 행군을 하였다. 그리고 다 기억할 수도 없는 훈련들로 우리는 조국의 산야를 걸었고, 어느 산기슭인가에다 숙영지를 정하였고, 캄캄한 밤 산을 넘기를 무수히 반복하였다.

두 번째 해상훈련은 경기도 가평 남이섬 부근의 삼각주에서 있었다. 미루나무 숲으로 우거진 삼각주에 숙영지를 정하고 우리는 2주간의 해상훈련에 들어갔다. 그런데, 해상훈련이 끝나갈 무렵 예기치 못한 일이 일어났다. 그해 여름 큰비가 내렸다. 전국에서 큰 수해와 물난리를 당하기도 하였다. 우리가 숙영하고 있었던 삼각주는 평상시는 걸어서 갈 수 있는 곳이었다. 그런데 밤새도록 거센 비가 내리자 삼각주는 서서히 고립되기 시작하였다. 나는 무엇인가 심상치 않은 느낌이 들어 잠이 오지 않았다. 대대장에게 몇 번 철수를 건의하였다. 대대장도 그 밤을 뜬 눈으로 지새우고 있었다. 날이 밝아오자 이제 삼각주에는 물이 차오르기 시작하였다. 나무들이 물에 잠기고 어디가 길이고 어디가 화장실인지도 모를 지경이 되었다. 부대는 모든 장비와 차량을 그대로 둔 채 개인군장만 챙겨서 철수를 시작하였다. 막사용 텐트도 그대로 둔 채 몸만 빠져 나왔다. 우리는 비를 피하기 위해서 가까이 있는 가평 중학교를 빌어 임시 숙영지로 삼았다. 그때 물에 잠겨 오던 삼각주의 모습이 눈에 선하다. 미루나무들이 물속에 잠기고 섬 전체가 온통 강물로 차오르던 모습이 어제 일처럼 생생하다. 그리고 다시 우리는 긴 행군으로 부대에 복귀하였다. 행군을 하면서 지나던 강원도와 경기도의 산야, 골짜기와 능선, 그리고 숲들이 이제는 향수(鄕愁)가 되어 기억 저편에서 손짓을 한다.

공수강하를 마치고 부대로 복귀하던 행군 길에서 우리는 양평에 있는 용문산을 넘었다. 용문산은 해발 약 1,100m의 명산으로서 경기도에서 화악산, 명지산에 이어 세 번째로 높은 산이다. 용문산은 은행나무로도 유명하지만, 우리가 행군하면서 보니 잣나무가 더 많이 눈에 띄었다. 여기저기에서 잣을 따서 말리는 모습을 보았다. 내가 용문산을 넘던 일을 기억하는 이유는 이때 병사 한 명이 없어져서 대대장과 나는 온통 그 병사를 찾느라 밤새 고생을 했던 사건 때문이다. 그는 고○○이라고 하는 일병이었는데, 중대 의무병이기도 하였다. 그는 체격이 다른 병사들에 비해서 다소 작은 편이어서 행군이 힘들었던 모양이었다. 중대장으로부터 한 명의 병사가 없어졌다는 보고가 왔다. 대대장과 나는 차량으로 병사를 찾아 헤매기 시작하였다. 몇 시간을 찾아 헤맸는지 모른다. 그런데 그 산속에서 잃어버린 병사를 찾은 것이다. 그는 길을 잃어 혼자서 캄캄한 산을 넘고 있었다. 군장의 멜빵은 한 쪽이 끊어져 있었다. 자초지종을 물으니 행군대열의 후미에 쳐져서 걷고 있는데 미군트럭이 오더라는 것이다. 손을 들자 미군병사는 그를 차에 태워 주었다. 그를 차에 태워준 미군병사는 여자였다. 미군트럭은 행군병력을 한참이나 앞질러서 그 병사를 내려 주었는데, 본대 행군대열은 다른 길로 접어들었던 것이다. 잃어버린 병사를 찾았으니 대대장은 십 년을 감수한 기분이었다. 대대장은 고○○ 일병의 군장을 대신 메주기도 하였다. 이 사건이 하나의 징조였는지, 고○○ 일병은 후에 혹한기 훈련 중에 저체온증으로 아까운 젊음을 군에서 마감한 전우였다.

두 번째 해의 공수강하를 마치고 돌아오는 행군 길이었다. 이때도 비가 많이 왔다. 병사들의 옷이 온통 비에 젖었고, 폭우가 쏟아지는 빗속에서 숙영지를 설치하기가 어려웠다. 우리는 지휘부 텐트만을 설치하고 병사들은 인근 부대의 사병식당으로 피신하도록 조치하였다. 병사들의 상황을 둘러보니 사병식당에 온통 젖은 옷을 벗어서 말리고 있었다. 병사들은 거의 팬티만 걸치고 식탁 위며, 여기저기에 아무렇게나 누워서 잤다. 행군으로 지쳤고, 비에 젖어서 춥고 힘든 밤이었다. 대대 지휘부는 부대 밖 산속에 설치한 텐트에서 잠을 잤다. 공수훈련 지휘관으로 안○○ 소령이 부대를 인솔하고 있었다. 비는 밤새도록 그칠 줄 모르고 퍼부었고, 매트리스를 깔았지만 매트리스가 물에 잠겨서 흥건히 물속에서 하룻밤을 지새웠다. 다음 날 아침 날이 밝자 비는 그치고, 언제 그랬냐는 듯이 해가 솟아올랐다. 마을을 지나는데, 하사관 두 사람이 어젯밤 비를 피해 민가에서 잠을 자고 나오는 것이었다. 지난 밤 모든 장병들이 빗속에서 그 고생을 하면서 함께 어려움을 겪었는데, 이들은 자기들만 대열에서 이탈하여 민가의 신세를 지고 아침이 되자 나타난 것이었다. 나는 그들의 행동을 용납할 수 없었다. 군대는 계급이 말하는 집단이다. 나는 그들의 뺨을 한 대씩 갈겼다. 나중에 안○○ 소령이 이 일을 대대장에게 말했는지 대대장은 군의관하고 작전관이 바뀌었으면 한다는 말을 하곤 했다. 작전관은 사람이 매우 점잖고 온유하였다. 아마 나는 그때 성질이 좀 급했고, 군인정신으로 충만했던 모양이다.

사진 7 3대대특공 무술장면

앞에선 장교는 0중대장의 모습, 왼쪽에 김00중사도 보인다. 김중사는 현재 목사로서 사역 중이다.
❖ 출처 : 대한민국702특공전우회(http://702commando.co.kr)

사진 8 3대대 특공무술 장면

연병장에서 낙법을 하는 모습 ❖ 출처 : 대한민국702특공전우회(http://702commando.co.kr)

하늘의 꽃, 공수강하훈련

나는 특공부대에 군의관으로 배치를 받은 후 계속되는 훈련으로 심신이 지쳐 있었다. 그런데 많은 훈련 중에서 가장 힘들었던 훈련이 공수강하훈련이었다. 공수강하훈련이란 소위 말해서 낙하산훈련인데, 특공부대에서는 당시에 특전사 공수강하훈련장에서 기구강하를 실시하였다. 수송기를 타고 강하훈련을 하는 것이 원칙이었으나, 항공기 기름 값을 절감할 목적으로 영국에서 강하훈련용 기구를 도입하였다. 기구에 달린 탑승용 동체에는 훈련 조교를 포함하여 일곱 명이 탑승한다. 그리고 기구가 지상으로부터 수백 미터 상공으로 올라가면 탑승함에서 여섯 명이 한 조가 되어 낙하산을 메고 뛰어내린다. 지금 생각하면 레저스포츠 같기도 한 추억이 되고 있다.

공수강하훈련이 그저 낙하산을 메고 하늘 높이 기구를 타고 올라가 뛰어내리는 것이라면 사실 힘들 이유가 없다. 패러글라이딩이나 패러슈트를 즐기는 젊은이들에게는 이보다 더 스릴 넘치는 스포츠가 있겠는가! 하지만 공수강하훈련은 4주간의 지상훈련을 거친 후에야 실제적인 강하훈련에 들어갈 수 있다. 4주간의 지상훈련은 그야말로 지옥훈련이다. 아침부터 시작하여 휴식시간도 없이 계속 지상훈련장이 설치된 연병장에서 구르고, 뛰고, 소리 지르고 하기를 온종일 하는 것이다.

나는 첫날 오전 4시간의 훈련을 마치고, 점심시간에 의무실로 들어와 그대로 쓰러지고 말았다. 너무 지쳐서 점심을 먹을 식욕도 사라졌다. 대대장이 지나가면서 보고는 "군의관이 많이 힘든 모양이야"라고 하였다. 공수지상훈련은 영내에서 이루어진다. 우리 부대인 특공연대 3대대에 이미 공수지상훈련 시설이 완벽히 갖추어져

사진 9 공수지상훈련의 장면

공수지상훈련은 4주간 계속된다. 사진은 3대대 연병장에서 공수 지상훈련 중인 특공대 장병들
❖ 출처 : 대한민국702특공전우회(http://702commando.co.kr)

사진 10 공수지상훈련장면

필자가 근무하던 3 대대의 모습) ❖ 출처 : 대한민국702특공전우회(http://702commando.co.kr)

있었다. 듣던 바에 의하면 이곳은 전에 특전사가 자리하던 곳이고, 파월장병을 훈련하던 곳이란다. 연병장 가운데는 막타워와 헬기레펠 훈련 시설이 있고, 연병장 주위와 부대 가까운 곳에는 공수강하에 필요한 모든 시설이 있었다. 막타워는 비행기에서 낙하산을 메고 탈출하는 자세며, 동작을 훈련하는 시설이다. 낙하산이 펴지면 바람을 타고 낙하산의 이동을 조절하는 훈련, 지상에 착지할 때 충격을 완화하면서 안전하게 몸을 구르는 낙법, 착지 후 거센 바람에 낙하산이 통제가 안 되는 경우 낙하산을 분리하고 탈출하는 법, 강이나 바다에 떨어졌을 때 대응하는 법 등 공수강하 시 발생할 수 있는 상황을 미리 훈련하는 것이다. 낙하산에 몸이 끌려가는 상황을 훈련하는데, 훈련병들을 줄에다 매달고 연병장을 끌고 다니면 온몸이 땅에 질질 끌리면서 그 괴로움은 이루 말할 수 없는 것이다. 훈련 조교는 오랫동안 특전사에서 고공강하 경험이 있는 베테랑급 하사관들과 장교들이 하는데, 훈련 시에는 계급장과 이름표를 달지 않기 때문에 군의관이라고 봐주는 것이 없었다. 첫날 훈련에서 그로기 상태에 빠진 후, 더 이상 4주간의 훈련을 받을 엄두가 나지 않았다. 다행히 공수지상훈련의 모든 과정이 내가 속한 3대대에서 진행되었기 때문에 나는 틈나는 대로 눈치껏 의무실에 와서 시간을 보내곤 하였다. 특공부대에 온 후 거의 모든 훈련에 예외 없이 임했지만, 나는 공수지상훈련과 특공무술은 훈련에 온전히 참여하지 못했다. 공수지상훈련때는 별 말이 없던 대대장이 유독 특공무술 때는 연대장 앞에서 시범을 보이는 상황이라서 그랬는지 군의관이 특공무술에 참여하지 않았다고 몹시 화를 냈다. 특공무술로 인하여 나는 오랫동안 대대장에게 미움을 받기도 하였다. 사실 특공무술을 처음부터 참여하지 않으려고 한 것은 아니었다. 특공무술은 대검, 야삽 등을 이용한 고난도의 동작을 익혀야 한다. 또, 여러 명의 병사들이 포개어 엎드리면 달려와 뛰어넘고, 이어서 낙법으로 땅에 구르는 기술을 요한다. 나는 야삽과 소총, 대검들을 이용한 어려운 동작들을 익히기 위해서 나름대로 연습을 많이 하고, 연대본부 의무실 당직을 하면서도 동작을 익히는 등 노력을 하였지만, 내가 따라 하기 힘든 동작과 기술이 많았다. 무엇보다도 매트리스도 아니고, 거친 연병장 땅 위에서 달려와 구르며, 낙법을 하는 등의 위험한 동작들을 소화하기가 어려웠다. 특공무술을 하면서 맨 땅에서 낙법을 하는 병사들은 자주 쇄골이 부러져서 오곤 하였다. 쇄골이 골절된 병사들은 학생시절 배운 대로 탄력붕대를 이용하여 팔자형 고정을 해 두면 된다.

사진 11 공수강하직전의 모습

❖ 출처 : 대한민국702특공전우회(http://702commando.co.kr)

그런대로 4주간의 공수지상훈련을 마치고, 우리는 경기도 광주에 있는 특전사 공수강하훈련장으로 출발하였다. 특공부대에서 모든 이동은 원칙적으로 걸어서 움직이는 전술행군이다. 공수강하훈련장이 있는 경기도 광주까지는 장거리 행군이었다. 우리는 부대에서 춘천 까지 배후령을 걸어서 행군하였다. 그리고 춘천역에서 기차를 타고 마석까지 이동하게 되었다. 나는 춘천역에서 기차를 기다리는 동안에 잠시 틈을 내어 춘천시 육림극장 부근에 있는 신망애사라는 기독교 서점에 들러 책을 한 권 샀다. 존 스토트(John Stott) 목사가 지은 『현대교회와 설교』라는 책인데, 정성구 박사가 번역한 신간이었다. 당시 나는 신문에선가 책 소개를 읽고 이 책을 구입하고 싶던 차에 춘천에서 잠시 기차를 기다리는 시간에 이 책을 손에 넣은 것이다.

마석에서 내린 대대병력은 비가 내리는 어둑어둑한 저녁 무렵에 강둑에서 저녁밥을 지어 먹고 야간 행군을 시작하였다. 날이 어두워지고, 밤이 되자 빗줄기는 점점 거세어지고 대대병력은 경기도 광주까지의 긴긴 거리를 밤새도록 행군하였다. 이때 나는 앰뷸런스에 선탑하여 대대병력의 야간 행군을 뒤에서 따르고 있었다. 팔당댐을 경유하는 이차선 국도 변을 좌우에 일렬씩 서서 병사들은 말없이 걷고 또 걸었다. 빗줄기는 거세어지고, 병사들의 옷은 이미 젖을 대로 다 젖은 상태였다. 그러나 군장마저 젖으면 군장의 무게도 무게려니와 갈아입을 여벌옷마저 젖게 된다. 병사들은 판초우의로 군장만 둘둘 감아서 맨 사람, 머리에서부터 우의를 둘러쓴 사람, 빗속의 행군대열은 비장하기만 하였다. 나는 대열의 뒤를 천천히 차를 몰면서 행군하는 그들을 보았다. 밤새도록 거의 뛰고 있었다.

그 모습이 너무나 처절하게 보였다. 행군대열에서 낙오하는 병사들이 한둘씩 나오기 시작하였다. 앰뷸런스는 지프차형의 소형 차량이다. 낙오한 병사들을 실어 나를 수 없었다. 나는 앰뷸런스를 세우고, 낙오한 병사의 군장만을 차에 실었다. 군장의 무게가 어찌나 무거운지 놀라지 않을 수 없었다. 이 무거운 군장을 메고 밤새도록 빗속을 달리고 있다는 것을 생각하니 더욱 병사들이 안쓰러웠다. 처절한 빗속 행군의 밤이 가고, 날이 서서히 밝아 오면서 비는 멈추었다. 대대병력의 행군도 차분하게 안정을 찾은 듯하였다. 우리는 날이 갠 경기도 광주 근교의 평야 길을 행군하고 있었다. 길 양옆에는 코스모스가 만발하여 아침을 맞이하였다. 어젯밤의 그 처절한 우중 행군도 언제 그랬냐는 듯이 밝은 햇살이 떠오르고, 평화가 찾아왔다. 그리고 행군대열은 공수훈련장으로 진입하는 길로 접어들었다. 저 멀리서 아침 일찍부터 기구가 하늘 높이 올라가고 있었다. 병사들의 입에서 탄성이 터졌다. 우리가 도착하니 우리보다 앞서서 다른 특공부대에서 일주간의 공수강하훈련을 오늘 마친다고 하였다. 공수강하훈련장은 산의 수목을 잘라 내어 만든 드넓은 초원이었다. 우리는 산등성이의 숲 가까운 곳에 텐트를 치고 한 주간의 훈련에 들어갔다. 대대병력이 야전에 숙영지를 정하면 먼저 대대장의 텐트와 상황실이 설치된다. 상황실은 24인용 혹은 그보다 적은 텐트가 설치되고, 상황병이 24시간 무전통신을 하느라 늘 시끄럽고 분주하다. 대대본부 요원들이 상황실과 대대장 텐트 주위에 개인텐트를 설치하여 지휘부가 운영되는데, 군의관의 텐트는 주로 상황실과 조금 떨어져 개인텐트를 이용한다. 본부중대 의무병들이 하는 일이 군의관을 도와서 환자들을 돌보게 되는데, 훈련 중에는 가벼운 창상환자, 설사나 감기환자가 대부분이고 간혹 긴급한 후송을 요하는 환자가 발생하면 앰뷸런스를 이용하여 후송조치를 한다. 나는 두 번째 공수강하훈련을 동행하였을 때 한두 명의 병사가 다리골절을 당하여 수도통합병원까지 앰뷸런스로 환자를 이송한 적이 있었다. 당시 앰뷸런스는 연대본부에서 운용하던 약간 큰 차량이 지원되었는데, 나는 공수강하 시 부상당한 다리골절 환자를 태우고 서울에 있는 수도통합병원에 들러 환자를 치료하였다. 의과대학 동기들이 통합병원의 군의관으로 있었다. 다리골절 환자를 응급조치한 후 깁스를 하고 다시 부대로 데리고 와야 했다. 그런데 돌아오는 길에 의무병이 간곡히 부탁하기를 서울에 들렀으니 자신의 집에 가서 부모님에게 인사라도 하고 갈 수 있도록 해 달라고 간청하였다. 그래서 부대로 환자를 싣고 복귀하는 길에 나는 의무병의 집에 잠깐 들렀다. 아들을 예고 없이 본 병사의 부모는 어쩔 줄을 몰라 하면서 너무나 반가워하였다. 마침 그 시간이 저녁 무렵이었는데, 저녁식사를 하고 가라고 부모님이 놓아주지 않는 것이었다. 공수훈련장에는 지휘관으로 연대본부 교육 장교였던 안○○ 소령이 부대를 지휘하고 있었는데, 무전기도 없고 연락할 길이 없었다. 저녁을 먹고 이제 출발하려고 하는데, 운전병과 의무병이 사라진 것이다. 한참 기다리는데 얼마나 시간이 지났는지 밤은 깊었다. 의무병과 운전병이 술에 취해 나타났다. 나는 할 말을 잊었다. 모든 것이 나의 불찰이다. 결국 나는 그 집에서 환자와 의무병, 운전병을 재우고 다음 날 아침 일찍 부대로 출발하였다. 공수훈련장에 도착하니 지휘관인 안 소령이 화가 머리끝까지 나서 나를 심하게 책망하였다. 나에게는 차마 손찌검을 못했지만, 운전병과 의무병은

사진 12 기구강하에 사용된 거대한 기구와 낙하산산개장면

❖ 출처 : 대한민국702특공전우회(http://702commando.co.kr)

사진 13 공수강하 장면

❖ 출처 : 대한민국702특공전우회(http://702commando.co.kr)

안 소령으로부터 뺨을 맞았다. 우리를 통합병원에 보낸 후 안 소령은 안전하게 빨리 돌아오기만을 기다렸다. 그런데 밤이 깊어 가고 다음 날 새벽까지도 군의관과 환자, 의무병을 태운 앰뷸런스가 돌아오지 않자 혹시라도 사고가 난 것이 아닌가 하여 안 소령은 몹시도 불안하였던 것이다.

훈련장에 숙영지를 정한 다음날부터 본격적인 훈련이 시작되었다. 나의 안전모인 방탄 헬멧에는 6번이라는 글씨가 씌어 있었다. 대대 참모들의 일련번호대로 번호가 부여되었고, 기구에 올라가는 순서도 대대참모들이 먼저였다. 이어서 본부중대와 각 중대 순으로 강하를 하였다. 강하에 앞서서 대대장은 병사들에게 강하훈련이 어려운 것이 아니라고 안심을 시켜 주었다. 대대장 말인즉, 송아지도 낙하산만 매 놓고 떨어뜨리면 잘할 수 있는 것이 강하라고 하였다. 대대장은 특전사에서 오랜 경험을 가진 공수강하의 베테랑이었다. 그리고 강하에 들어가기 전 모든 장병들을 모으고 내가 대표로 기도를 하였다. 한 사람도 다친 사람이 없게 해 달라는 기도였다. 기도한 대로 우리의 첫 번째 공수강하훈련에서는 다친 사람이 한 사람도 없었다. 물론 다른 부대에서는 골절상을 당한 병사들이 몇 명 있었지만 말이다.

맨 첫 번째 순서로 기구강하를 위해서 나를 포함한 여섯 명이 탑승하였다. 기구가 점점 하늘로 올라가면서, 저 멀리 도시가 보이기 시작하였다. 공수훈련장의 푸른 초원이 아득히 멀어져 갔다. 푸른 초원을 내려다보니 불안한 생각이 들었다. 만약 낙하산이 펴지지 않는다면 저 초원에서 나는 죽는 것인가. 솔직히 강하를 하기 직전에 내가 생각한 것은 바로 죽음이었다. 드디어 강하 위치의 상공에 이르렀다. 훈련교관이 탑승함의 안전 고리를 열었다. 그리고 낙하산에 연결된 고리를 탑승대 위의 쇠줄에 걸도록 하였다. 탑승함으로부터 강하탈출과 동시에 낙하산에 연결된 줄이 팽팽히 당겨지면서 낙하산이 펼쳐지는 것이다. 낙하와 동시에 숫자를 세어야 한다. 일만~ 이만~ 삼만~ 사만~ 이렇게 사만까지 수를 세면 낙하산이 퍽 하면서 펴진다. 그러니까 숫자를 세고 있는 동안은 공중에서 수직으로 떨어지고 있는 순간인 것이다. 망망한 공중에서 보이는 것이란 파란 하늘뿐 아무것도 없는 허공으로 몸을 날린다는 것은 참으로 겁나는 일이 아니겠는가! 그러나 다른 대안은 없었다. 허공으로 몸을 날리는 일 외에는 다른 무엇을 할 수 있단 말인가! 우리 부대에서는 아무도 강하를 거부하거나 얼른 뛰어내리지 못하여 훈련 교관과 실랑이를 벌인 장병은 없었다. 그런데 우리보다 먼저 훈련한 부대에서는 군의관이 공중에서 강하를 거부하였다는 얘기를 들었다. 그도 공중에서 막상 강하를 하려고 하자 두려움에 얼른 뛰어내리지를 못했지 않는가 싶다. 드디어 나의 차례가 되자 망설일 여유도 없이 그저 허공을 향해 힘껏 몸을 날렸다. 그동안 막타워에서 훈련하던 강하자세를 어렴풋이 본능적으로 기억하면서 일만~ 이만~ 삼만~ 사만……. 숫자를 세었다. 짧은 몇 초 동안의 수직낙하 시간이 그렇게 길게만 느껴지는 순간이었다. 그 순간은 허공에서 아무런 저항없이 그저 떨어져 내리는 자유낙하의 순간이다. 그러다 어느 순간 "퍽" 하고 작은 저항과 함께 낙하산이 펴지는 것이 몸으로 전해져 왔다. 위를 쳐다보니 커다란 낙하산이 활짝 펴져 있었다. 낙하산이 펴지면서 몸은 공중에 부웅 떠오르는 느낌이었고, 새처럼 공중을 나는 기분이었다. 갑자기 안도감과 알 수 없는 쾌감, 그리고 흥분이 밀려왔다. 노래를 부르고 싶은 충동을 느꼈다. 실제 어느 병사는 낙하산이 펴지자 노래를 부르고 내려왔다가 지상에 내린 후 교관으로부터 호된 기합을 받기도 하였다. 공수강하는 모두 네 번을 강하해야 한다. 그중에서 두 번은 야간훈련이었다. 야간 강하훈련은 주간 강하보다는 불안감이 덜 하다고 한다. 기구가 하늘로 올라가면서 저 멀리 도시의 불빛이 휘황하게 밝혀진 것이 보였다. 캄캄한 어둠 속으로 몸을 날려 강하를 하였다. 어둠 속에서 낙하산이 펴지고, 지상에 구르면서 착지하였더니 대대장이 다가와서는 "군의관이구나" 하면서 말을 건넸다. "주간보다는 낫지?" 해서 "모르겠는데요"라고 대답했다. 대대장은 특유의 웃음을 지으면서 "햐~ 군의관이 긴장했구나!"라고 하였다.

혹한기 훈련

달빛은 교교하게 동쪽하늘, 차가운 겨울밤을 비추이고 있었다. 눈 덮인 온 산야는 하얗게 달빛 아래 잠들어 있었고, 적막한 겨울밤은 깊어 가고 있었다. 우리는 매복 장소로 산등선을 따라 이동하다가 네 명이 한 조가 되어 조별로 흩어졌다. 우리 조가 자리 잡은 곳은 키 작은 소나무들이 우거진 산등성에서 조금 넓은 평편한 곳이었다. 나와 동행한 세 명의 병사들은 이곳을 매복 장소로 택했다. 조원 중의 한 병사가 발목까지 찬 눈을 쓸어내리자 마른 풀밭이 나왔다. 그리고 판초우의를 깔았다. 우리 네 명은 침낭을 꺼내 나란히 펴고 침낭 속으로 기어들었다. 나는 세 명의 병사들과 함께 눈밭에서 혹한의 밤을 지새웠다. 침낭 속에서 웅크리고 눈을 감고 있었지만 밤새도록 잠을 이루지 못하고 추위와 싸우는 시간이었다. 혹시 이 혹한의 밤에 매복 훈련 중 동사하는 병사가 나올지도 모르겠다는 불안감이 엄습했다. 어렴풋이 잠이 들까말까 하던 중 가까운 곳에서 무전병의 전달 소식을 들었다. "전달, 전달, 현재 시각 새벽 5시, 영하 16℃, 한파주의보 발령으로 연대본부로부터 숙영지 귀환 명령 하달되었음!" 침낭에서 기어 나와 군화를 만져보니 밤새 꽁꽁 얼었다. 산비탈 옥수수 밭에서 가져온 수숫단으로 불을 지펴 군화를 녹이자 겨우 발이 들어간다. 숙영지에 도착하니 부대원들이 중대별로, 소대별로 개인텐트를 치고 더러는 아침을 준비하는 모습이 보였다. 해가 떠오르자 텐트 속보다는 밖이 더 나은 것 같다. 오전 시간을 숙영지에서 보내고, 오후 1시 정각에 우리는 부대 복귀를 위해 중대별로 산악행군을 출발하였다. 드디어 힘들었던 혹한의 밤을 지내고 부대로 복귀한다는 마음에 기분이 한결 나았다. 군장을 멘 병사들의 진군을 보면서 잠시 망설였다. 왜냐하면 각 중대는 작전계획대로 파로호 주변 경사지를 따라가는 복귀경로를 택하였고, 본부중대는 AOP가 있는 산 정상을 넘는 지름길을 택한 때문이다. 즉 산을 가운데 두고 빙 돌아서 복귀하는 코스와 산 정상을 가로질러 지름길로 복귀하는 코스 중에서 어느 길을 택할 것인지는 나의 선택이었다. 군장을 하지 않고 K1 소총만 들고 자주 병사들과 행군하곤 했던 나는 이번에도 특공중대의 행군 코스로 동행하고 싶기도 했다. 특공중대를 따라갈 경우 길이 다소 멀고 부대복귀 시간이 늦어질 것이고, 본부중대와 함께 지름길을 택하면 해가 떨어지기 전에 부대에 도착할 수 있다. 결국 나는 본부중대와 함께 지름길을 택하였다. 길을 따라 산허리까지 올라오자 통신차량이 대기하고 있었다. 개인군장을 차량에 싣고 우리는 산 정상을 향해 올랐다. 그리고 산 정상에서부터 부대까지는 급경사의 좁은 등산로이다. 하산길은 그대로 눈 위를 미끄러져 내려가는 눈썰매 길이었다. 덕분에 평소보다 빠른 시간에 산 아래에 도착하였다. 부대에 도착하니 오후 다섯 시. 무사히 훈련에서 돌아온 안도감으로 군인아파트에 들렀다. 아내는 광주에 내려가고 집은 나 혼자이다. 아내의 추리닝이 벽에 걸려 있는 것을 보니 울컥 아내에 대한 애틋한 마음이 밀려왔다. 아내는 혹한기 전에 파로호에 설치해 놓은 스케이트 훈련장에서 넘어져 팔이 부러졌다. 이곳에서는 겨울이면 매일 스케이트를 타면서 체력훈련을 한다. 파로호 한쪽에 둑을 쌓아 스케이트 훈련장을 만들고, 병사들이 매일 관리하면서 이곳을 체력훈련장으로 이용한다. 대대장에서부터 병사들에 이르기까지 겨울이면 하루 종일 스케이트 체력훈련을 한다. 병사들뿐만 아니라 군인가족들과 아이들까지 이곳은 겨울 레저 스포츠로서 최고의 장소이다. 아내도 주위 군인가족들의 권유를 받아 스케이트를 구입했다. 군목이 춘천에 가서 사 온다는 것이 피겨용 스케이트를 사 온 것이다. 그리고 생전 처음 스케이트를 착용하고 주춤주춤 얼음 위를 걷다가 그만 넘어졌는데 오른쪽 팔목이 골절되었다. 마침 연대본부 군의관이 정형외과 전문의라 의무대에서 석고붕대로 잘 고정하였다. 나는 아내가 없는 빈 아파트에서 군복을 갈아입으면서 무사히 훈련에서 돌아왔다는 안도감에 젖었다. 훈련을 출발하던 날 아침 나는 혼자 식사를 마치고 커피를 마시려고 하는데 둔탁한 커피 잔의 손잡이가 뚝 끊어지는 것이었다. 순간 불길한 예감이 들었다. 대대병력이 훈련을 출발할 때마다 나에게는 징크스가 있었다. 지난여름에 천리행군을 출발하던 날도, 장비를 챙기던 의무병이 의무실에서 쓰던 잔을 깨뜨렸다. 그리고 훈련 첫날 밤 해산을 넘으면서 굴러오는 바위를 피하다가 나는 오른손에 부상을 입은 일이 있었다. 특공연대에 와서 1주일 혹은 2주일씩 계속되는 훈련을 위해 부대와 집을 떠나갈 때마다 무사히 훈련을 마치고 돌아오기를 기도하였다. 여름에 있었던 천리행군은 월요일에 부대를 출발하여 토요일에 복귀하는 일주일간의 긴 행군훈련이었다. 주로 밤에 산악행군을 하고 무더운 낮 시간에는 숙영지에서 잠을 잔다. 그런데 훈련 첫날에 군의관이 부상을 입은 것이다. 나는 팔에 붕대를 감고 일주일의 천리행군을 마쳤다. 혹한기 훈련을 나가면서 커피 잔의 손잡이가 뚝 끊어지는 순간 나는 불길한 예감에 기도하였다. 무사히 훈련을 마치고 올 수 있도록……. 그리고 아무 일없이 나는 훈련에서 돌아온 것이다.

아직 중대병력이 부대에 복귀하지 않은 시간이라 나는 다시 부대로 들어갔다. 의무실에 도착했는데 대대장이 찾는다는 것이다. 대대장에게 불려 갔더니 대대장은 중대병력이 복귀하고 있던 행군로와는 반대쪽인 산길로 차를 몰았다. 무전기에서는 계속 병사 한 명이 낙오하여 중대장이 낙오병을 데리고 오는데 상태가 안 좋다는 것이다. 현재 낙오병의 위치는 산 정상의 능선이었다. 차량의 접근이 불가능한 곳이며, 시간은 밤 8시. 산 중턱 차량이 갈 수 있는 곳까지 이르러 대대장과 나는 계속 산 위 행군병력과 무전연락을 취하고 있었다. 대대장이 쓰고 있던 방한모를 주면서 정보장교와 함께 낙오병에게 가라고 지시하였다. 주저할 시간이 없었다. 나와 정보장교는 산 정상을 향해 어두운 눈길을 헤치며 정상으로 향했다. 그 길은 평소에 자주 다니던 낯익은 산길이다. 얼마쯤 오르고 있었을까 어둠 속에서 하산하고 있는 병사들이 한둘씩 시야에 들어왔다. 모두 다 말없이 지친 모습으로 내려오는데 병사들의 옷을 만져보니 젖어 있었다. 웃옷을 헤치고 몸을 만져 본 순간 나는 "아차!" 하는 외마디를 질러야 했다. 저체온증! 지금 병사들은 저체온증에 빠졌다. 걸어서 내려오고 있는 병사들의 걸음걸이가 이상하고 말이 어눌하다. 비틀거리는 병사를 빨리 산 중턱에 있는 민가에라도 데리고 가서 체온을 유지시켜야 한다. 이런 병사들이 아직 더 있다는 것이다. 나는 당황하기 시작하였다. 갑자기 겁이 났다. 내가 지금 이들을 위해 할 수 있는 일이 아무것도 없다. 정보장교에게 저체온증에 빠진 병사를 데리고 내려가도록 부탁한 후 나는 산 정상을 향해 달리기 시작하였다. 산 정상에는 헬기장이 있다. 정상에 거의 도착할쯤, 요란한 헬기 소리와 함께 사방을 훤하게 비추는 서치라이트가 이리저리 산을 휘돌더니 잠시 내려앉았다가 바로 이륙하였다. 나는 헬기가 이륙하고도 한참 후에야 AOP가 있는 정상에 이르렀다. AOP 소대원들이 나에게 상황 설명을 해 주었다. 상태가 심한 병사들이 다섯 명 수도통합 병원으로 이송되었는데, 그중 한 병사의 상태가 안 좋았다는 것이다. 결국 한 명의 병사가 저체온증으로 사망하였다. 혹한기 훈련의 아픈 희생은 더 있었다. 함께 후송되었던 나머지 병사들은 심한 동상을 입었다. 대대병력이 약 3분의 1의 인원이 동상에 걸려서 오랫동안 치료를 받았다. 의무대가 비좁아 신병교육대를 임시의무대로 하여 대대 군의관들이 모두 비상체제에 들어갔다. 혹한기 훈련의 사고경위는 이러하였다. 오후 1시에 숙영지를 출발한 약 ○○○여 명의 대대병력은 작전계획대로 파로호 주변 산악을 따라 행군하여 부대에 복귀하고자 하였다. 그런데 눈 쌓인 경사지 산악은 행군하기에 몹시도 힘든 지형이었다. 예정 시간보다 많은 시간을 소요하여 행군하다 보니 병사들이 지치기 시작하였다. 해는 지고 밤이 되자 추위는 더해 가고 행군 속도는 더욱 지체되었다. 작전관은 행군로를 변경하여 지름길인 AOP를 경유하여 복귀하고자 산 정상을 향해 방향을 돌렸다. 그런데 여기에도 문제가 있었다. 산 정상을 향해 오르는 오르막 경사가 심한 데다가 눈이 쌓인 산악지형 때문에 행군대열의 대기 시간이 길어졌다. 계속해서 행군을 해야 발이 얼지 않는데 앞 대열이 경사지를 다 오를 때까지 뒤에 서서 기다리는 시간이 길어지다 보니 발이 얼고 체온이 떨어졌다. 더구나, 출발하기에 앞서 대부분의 병사들이 아침 겸 점심으로 전투용 라면을 끓여 먹은 것 외에는 오랜 시간 허기진 상태로 추위와 싸웠다. 영하 16℃ 이하의 혹한에 9~10시간 동안 행군하다 보니 이들은 동상과 저체온증에 빠졌다.

지금도 그때 혹한기 훈련으로 인해 전우를 잃었던 기억을 더듬으면 마음이 아프다. 사실, 군의학교에서나 의과대학에서도 군진의학(軍陳醫學)을 제대로 다루지 못하고 있는 실정이다. 특공부대와 같이 특수한 훈련과 환경에 노출되어 극한의 훈련을 하는 부대에는 그 부대의 위험상황에 맞는 군진의학(軍陳醫學)이 절대로 필요하다. 당시 나는 군의관으로 특공부대에 갔지만, 겨울 혹한기 상황에서 저체온증과 같은 예비지식과 이에 대한 대비가 전혀 없이 훈련에 임했다. 부끄러운 고백이지만 사실 나는 당시에 무전으로 날아드는 낙오병의 상태가 행군 때마다 자주 보는 일상적인 체력소

모와 탈진 정도로만 생각하였다. 행군병력은 눈 쌓인 산 정상 능선을 따라 이동하고 있었고, 대대장과 나는 산 밑에서 차량이 접근할 수 있는 지점까지만 가서 계속 무전교신을 하고 있었다. 병사가 낙오하여 중대장이 데리고 온다는 것이다. 그런데 병사가 자꾸 잠을 자고 싶다고 한다는 것이다. 그 상황까지도 군의관인 나는 저체온증을 예측하지 못했다. 환자를 접하고서야 이들이 저체온으로 인한 위험한 상황이라는 상황인식을 한 것이었다.

사진 14 혹한기훈련중의 휴식시간

눈쌓인 숲속에서 매복작전을 끝낸 후 잠시 추위를 피하고 있다.
❖ 출처 : 대한민국702특공전우회(http://702commando.co.kr)

사진 15 혹한기훈련에 대한 어느 전역병사의 메모

처음에는 몰랐었던 그 추위와 배고픔의 시련들.
수통의 물은 꽝꽝 얼어 군장 무게를 더했고 얼어버린 군
화는 발과 하나가 되어 벗고 신을 때 고생을 했던 기억,
얼어버린 전투화를 녹이다 태워먹던 기억, 눈 위에 솔가
지를 깔고 그 위에 딴초우의 하나 깔고 서로의 체온을 유
지하면서 침낭 안에서 자고 일어나면 침낭 안에는 어
느새 고드름이 자리를 잡아 축축한 밤을 보내야만 했던
기억들. 그 기분을 안 겪어 본 사람들은 알려나? 훈련 때
지급되는 생 닭을 요리할 방법이 없어 눈물을 머금고 버
려야만 했던 기억. 물이 없어 먹으면 안 된다는 쌀인
눈을 아무도 모르게 손으로 한 움큼 쥐고 입안에서 먹여가
며 목을 축였던 기억이. 이거 군대 안 가본 사람은 알려
나?

❖ 출처 : 대한민국702특공전우회(http://702commando.co.kr)

함성(喊聲) 가운데 들린 음성(音聲)

Ⅲ 함성(喊聲) 가운데 들린 음성(音聲)

훈련 중에 들린 세미한 음성

특공부대의 훈련은 계속되었다. 주야간 적응훈련을 하던 때였다. 낮에는 집에서 잠을 자고 저녁 무렵에 부대로 출근을 하였다. 연대의 모든 장병들이 밤낮이 바뀐 채 일주일 동안의 야간 적응훈련을 하고 있었다. 날은 추운데 대대장은 군의관에게도 소대단위 훈련을 감독하는 감독관의 일을 하도록 지시하였다. 목표물을 정하여 침투하고 폭파하는 야간 훈련이 밤새도록 계속되었다. 대대장은 훈련 상황을 점검하기 위하여 대대장 지휘차를 타고 훈련지역을 순회한다.

나는 이런 훈련의 연속인 특공부대 생활에 심신이 지쳤다. 육체적으로도 괴롭고 힘든 일이지만, 마음이 더욱 힘들었다. 과연 대한민국에 어느 군의관이 이렇게 군의관의 본연의 임무가 아니라 군의학교에서는 들어 보지도 못했던 훈련을 받고 있다는 생각이 나를 더욱 힘들게 하였다. 천리행군이며, 공수훈련과 같은 육체의 한계를 넘나드는 훈련을 받으면서 나는 국군수도통합병원으로 후송을 가야 하겠다는 생각까지 하였다. 아직 건강문제가 온전히 해결된 것도 아닌데, 특공부대 생활이 나에게는 분명 감당키 힘든 일이라고 생각하였다. 그러나 훈련의 끝은 보이지 않았다. 대대장에게 하소연 해보았자 소용없었다. 처음엔 군의관의 임무를 내세워 대대장에게 권리를 주장도 해보았으나, 군에서 산전수전 다 겪은 노련한 대대장에게는 게임 상대가 못 되었다. 나는 슬프고 힘들었다. 마음이 낙심되었다. 하나님께서 연약한 나를 왜 이런 힘든 부대로 보내셨는지 이해할 수가 없었다. 나는 지치고 슬픈 마음을 이끌고 군인교회를 찾아갔다. 야간 적응훈련을 한다고 군목과 군종병도 나와 있었다. 내가 찾아가자 군종병은 연탄불 위에서 라면을 끓여 주었다. 뜨거운 라면을 먹으니 추위도 가시고, 얼어붙은 마음도 녹는 느낌이었다. 왠지 모르게 눈물이 흘렀다. 이때 하나님께서 말씀을 주셨다. 그냥 말씀이 생각나게 하셨다. 데살로니가전서 5장 16 - 18절이었다. "항상 기뻐하라. 쉬지 말고 기도하라. 범사에 감사하라 이는 그리스도 예수 안에서 너희를 향하신 하나님의 뜻이니라" 하나님은 나에게 기뻐하라고 하셨다. 기도하라고 하셨다. 또 범사에 감사하라고 하셨다. 나는 하나님께 항의하였다. "아니, 하나님 제 상황이 지금 기뻐할 상황입니까? 하나님 저는 울어도 속이 시원치 않습니다. 그런데 기뻐하라니요. 그냥 기뻐한다고 억지로 기뻐집니까?" 이때 하나님은 말씀하셨다. "네가 왜 기뻐해야 하는지 아느냐?" 하나님은 내가 왜 기뻐해야 하는지, 그리고 왜 기도해야 하는지, 또 왜 감사해야 하는지를 설명하셨다. 하나님은 나에게 가을에 벼가 익어 가는 과정을 보여 주셨다. 벼는 여름의 뜨거운 뙤약볕을 받아야만 가을에 알곡이 된다. 여름에 뜨거운 햇볕과 비바람을 다 거쳐야만 가을에 낱알이 단단해 지는 법이다. 여름에 덥지도 않고, 비바람도 없이 그저 서늘한 여름 한철을 보내게 되면 가을에 좋은 열매를 맺지 못한다. 낱알이 견고하지 않는 법이다. 이와 같이, 현재 하나님은 나에게 힘들고 고된 시간들을 주시는 이유가 장차 좋은 열매를 맺도록 하기 위함이라는 것이다. 그러니 기뻐하지 않을 수 있느냐고 하셨다. 지금 훈련이 고되다고 슬퍼할 일이 아닌 것이다. 훈련이 고되면 고될수록 기뻐하라는 것이었다. 그리고 이 과정이 힘들고 어렵기 때문에 기도함으로 이겨내라고 하셨다. 기도하지 않으면 힘든 훈련의 과정을 이길 수 없다고 하셨다. 하나님은 나에게 이 모든 환경과 상황을 감사하라고 하셨다. 나는 하나님의 설명을 받아 적었다. 성경책 빈 공간에 볼펜으로 받아 적는데, 하나님의 말씀이 너무 빨라서 받아 적기가 바빴다.

나는 현재의 힘든 상황이 결국 장차 나에게 좋은 열매를 맺도록 하시는 하나님의 손길임을 깨닫게 되었다. 나는 데살로니가전서 5장 16 - 18절 말씀을 의무실 책상 앞에 붙여 두고 날마다 이 말씀을 바라보면서 기도하였다. 내가 이 말씀으로 힘든 군 생활의 의미를 알게 된 후부터 나는 승리하기 시작하였다. 특공연대에서의 생활이 벌써 2년째 접어들고 있었다.

첫아들을 낳다

아내의 임신기간은 아내에게, 그리고 나에게 힘든 기간이었다. 임

115

신을 한 후 아내는 입덧이 심하여 몸을 가누기 힘들 정도가 되었고, 급기야 광주에 있는 친정으로 가서 여러 달을 지내야 했다. 임신 중에 한동안은 신우신염이 와서 고생하기도 하였다. 아내의 임신으로 배 속에 있는 아이의 모습을 초음파로 처음 보았다. 내가 학교에 다니고 인턴을 하던 시절에는 초음파가 희귀하였다. 그런데 춘천 시내에 있는 산부인과에서 처음 초음파로 본 아이는 엄마 배 속에서 헤엄을 치고 있었다. 내가 천리행군을 하면서 해산에서 보았던 그 모습이었다. 태몽이라는 것이 분명히 있거나, 아니면 하나님께서 나에게 환상을 통해서 아이를 보여 주셨거나 둘 중 하나이다. 아내의 임신 사실을 모르고 천리행군을 출발하였는데, 천리행군 첫날 해산에서 비몽사몽간에 아이 모습을 보았다. 아들이었다. 천리행군을 하면서 목요일쯤 어느 시냇가에서 숙영을 하는데, 그때 한 번 더 보았다.

아내와 나는 거의 1년 동안을 아이를 위해서 기도하였다. 아내가 유산을 한 후 우리는 하나님께 사무엘 같은 아이를 주시면 하나님께 드린다는 서원(誓願)을 하였다. 하나님은 우리의 기도대로 아들을 주셨다.

특공연대에서 2년이 다 되어 가던 겨울에 연대 의무대 당직을 하고 있었다. 의무병이 전화 왔다고 나를 깨웠다. 잠결에 전화를 받으니 장모님께서 전화로 득남 소식을 전해 주셨다. 부대에 출근하여 대대장에게 휴가를 보내 달라고 하자 당장 보내 주지 않고 3일 후에 휴가를 주었다. 오랜 시간 차를 타고 광주에 도착했다. 아이는 옆으로 뉘어 자고 있었다. 피곤한 중에도 아이를 들여다보고 있노라니 신기하고 경이로웠다. 첫아들을 낳고, 한 달 후 전출명령을 받았다. 특공부대에서 2년을 근무한 군의관들은 일반적으로 후방부대로 옮겨진다. 특공부대는 확실히 나에게 귀한 것을 선물했다. 나는 특공부대에 근무하면서 첫아들을 얻은 것이다.

전출, 그리고 대위진급

나는 오음리에서의 2년간의 특공부대 군의관 생활을 마치고 군복무 3년째에 후방으로 전출명령을 받았다. 내가 전출명령을 받은 부대는 원주에 사령부를 두고 있는 ○○통신여단이었다. 그러나 내가 근무해야 하는 곳은 ○○통신여단의 소속부대가 위치한 춘천이었다. 즉 나는 여단 사령부에 가서 전입신고만을 마친 후 다시 춘천으로 와서 대대장에게 전입신고를 하였다. 그리고 1년 동안의 통신대대 군의관 생활을 하면서 사령부가 있는 원주에는 체육대회를 한다고 해서 딱 한 번 갔던 기억이 있다. 여단 사령부에는 전입신고와 전역신고를 위해서 방문하였을 뿐, 실제 군복무 3년째의 근무지는 춘천이었다. 나에게는 춘천이 낯선 도시가 아니었다. 오음리를 가기 위해서는 늘 춘천을 경유해야 했기 때문이다. 매주 있었던 외진을 춘천 국군병원으로 다녔기 때문에 춘천은 특공부대 군의관의 활동반경이었다. 그러고 보니, 나는 배후령 고개를 하나 넘어온 셈이 된 것이다. 버스로 40분이면 넘는 춘천에서 오음리를 잇는 배후령 고개! 그러나 그 고개는 나의 인생에 수많은 추억들을 새겨놓은 잊을 수 없는 은혜의 골짜기였다. 군 제대 후 4반세기가 지났지만, 나의 영혼에, 나의 가슴에, 배후령 고개와 파로호와 특공부대는 지워지지 않는 추억의 골짜기로 남아 있다.

특공부대에서 근무하다 춘천시에 있는 통신부대로 오니 모든 것이 달라졌다. 우선 나는 대위로 진급을 하였다. 대위로 진급하니 월급도 더 나아졌다. 무엇보다도 특공부대와 같은 힘든 훈련이 없다 보니 군대 생활이 그렇게 편할 수가 없는 것이었다. 일 년을 통틀어서 훈련다운 훈련이 없어 보였다. 통신부대는 첨단의 통신장비를 구비한 차량을 중심으로 이동한다. 그래서 특공부대와 같이 걸어서 이동하거나 행군을 하는 것은 서툴다. 한번은 1년에 딱 한 번 있다는 40km 행군을 하였다. 특공부대에서는 평상시의 일과라고 할 수 있는 가벼운 행군인데, 통신부대 장병들은 매우 힘들어 하였다. 내가 근무하는 부대에는 통신부대와 보급부대가 같이 있었는데, 특공부대의 분위기에 젖어 있었던 나는 새로 근무하게 된 부대에 얼른 적응이 되지 않았다. 왠지 군인들이 군인 같지가 않는 것이었다. 군기도 빠져 있었고, 전에 근무하던 특공부대 병사들과 늘 비교가 되었다. 그러나 나중에야 깨달은 사실은 군(軍)이란 부대마다 독특한 임무와 역할이 있어서 특공부대와 같은 특수임무의 부대가 있는가 하면, 통신이나 보급을 맡은 부대 역시 고유하고 중요한 역할을 하고 있다는 것을 알았다. 통신부대는 나름대로 통신이라는 절대적으로 중요한 임무를 수행하고 있는 것이었다. 아무튼 통신부대 군의관으로서 나는 주로 의무실에서 책을 보고, 12월에 있을 레지던트 시험을 준비하는 시간을 많이 가질 수 있었다. 대대장은 내가 충분히 공부할 수 있도록 배려를 아끼지 않았다. 레지던트 시험이 있기 한 달 전부터 휴가를 보내 주어서 나는 광주에 내려와 시험 준비에 몰입할 수 있었다. 그 결과 나는 대학병원 산부인과 레지던트에 합격하게 되었고, 군 전역과 함께 대학병원에서 산부인과 전공의(專攻醫) 수련을 할 수 있었다.

하나님의 부르심(Calling)

춘천에서의 생활은 군인아파트 대신 춘천시 후평동에 작은 전세방을 얻어서 지냈다. 부대에 전입을 하자 마침 그 부대에 근무하다 다른 곳으로 전출해 가는 중대장이 살던 집이 하나 나왔다. 부엌 하나, 방 하나의 전세방인데, 우리 가족이 살기에는 충분하였다. 저 멀리 한림대학부속병원이 보이고, 야트막한 담 너머로 비교적 조용하고 깨끗한 주택가 집들과 골목들이 보이는 곳이었다. 나는 집을 결정하자마자 가까운 교회를 찾아 나섰다. 집에서 약 5분 거리에 「순장로교회」라는 교회가 있어서 알아보니 보수적인 개혁주의 신앙의 교회였다. 하나님께 기도하였는데, 집에서 가까운 곳에 하나님이 예비하신 좋은 교회가 있어서 목사님을 찾아뵙고 인사를 드렸다. 「순장로교회」는 일제 강점기 신사참배를 거부한 신앙인들이 중심이 되어 세운 교단이었다. 목사님은 우리를 참으로 반겨 주셨고, 격려해 주셨다. 춘천에서의 일 년은 순장로 교회를 중심으로 한 영적 은혜의 시기였다. 하나님께서는 나와 아내에게 이 교회를 통하여 많은 은혜를 입도록 하셨다. 목사님 부부와 함께, 장로님들의 사랑과 섬김이 컸다. 특히 김기덕 장로님은 사업을 하시던 장로님이었는데, 헌신적으로 교회를 섬기던 장로님이었다. 군 전역이 가까워 올 무렵 아내가 먼저 광주로 내려가고, 나는 혼자 부대 의무실에서 생활하고 있을 때였다. 나는 중고등부 학생회를 맡아서 토요일이면 늦게까지 아이들과 어울리곤 하였다. 늦은 밤 시간에 부대로 복귀하려고 하면 불편한 점이 많았다. 그래서 한번은 야전용 침낭을 가지고 와서 교회에서 자려고 했더니, 김 장로님이 어떻게 알았는지 집으로 초청하셨다.

목사님은 나에게 청장년 헌신예배에서 설교를 할 수 있도록 하셨다. 지금 와서 생각하면 이것은 특별한 배려요 은혜가 아닐 수 없었다. 목사님은 우리가 광주로 내려가게 되면 광주에 있는 같은 교단의 교회로 나갈 것을 권유하셨다. 군복무 3년째, 사실 이제는 전역 후 신앙의 진로를 놓고 기도해야 할 때이기도 하였다. 나는 학생시절 줄곧 대학생성경읽기선교회(UBF)에서 신앙생활을 하였다. 나의 젊은 날의 꿈과 비전, 기도와 헌신이 이곳에 뿌려졌다. 그러나 나는 결혼문제로 UBF의 규범을 어긴 자였다. 아내는 그 일로 다시 UBF로 돌아가기를 원치 않았다. 나는 아내가 진정으로 원하지 않고 힘들어 하는 길을 굳이 고집할 필요가 없다고 생각하였다. 아내와 남편은 한 몸으로서 아내의 중심을 헤아리는 것도 필요한 일이었다. 그렇지만 우리는 이제껏 한 번도 전역하고 신앙생활에 대해서 진지하게 논의하거나 기도해 본 적이 없었다.

전역을 반년 남겨 둔 군복무 3년째인 8월이었다. 「순장로 교회」에서는 8·15광복절을 의미 있는 날로 삼아 기도하였다. 일제 강점기 순교의 피를 흘리면서까지 신앙의 절개를 지키던 그 믿음을 기리기 위함에서인지 교회에서는 8·15 철야기도회를 가졌다. 밤 10시경에 교회에 모인 우리는 목사님의 인도로 찬송하고 기도하고 성경말씀을 읽고 설교를 들었다. 어느덧 새벽 4시가 가까워 오자 철

파로호의 *젊은 함성*

야기도회가 끝났다. 그런데 그날 밤 나는 놀라운 은혜를 체험하였다. 철야기도를 하는 중 하나님께서 나를 이 시대 젊은이인 대학생들을 위해 부르고 계신다는 음성을 들었다. 하나님께서 나를 대학생성경읽기선교회로 학창시절 부르셨고, 군 전역을 앞두고 다시 나를 부르고 계시는 것이었다. 더욱 놀라운 일이 있었다. 모두가 돌아가고 텅 빈 예배실에는 아내와 둘이만 남았다. 나는 그날 밤 하나님께서 나에게 말씀하신 부르심과 은혜를 아내에게 얘기하였다. 그런데 놀랍게도 아내 역시 나와 동일한 하나님의 부르심과 은혜를 체험하였다는 것이다. 우리는 서로 아무런 얘기도 하지 않았다. 우리는 서로에게 이렇게 하자고 제안하지도 않았었다. 다만, 그날 밤 하나님께서 나와 아내에게 찾아오셔서 우리를 부르시는 음성을 똑같이 들려주신 것이었다. 하나님은 나와 아내를 군복무 3년째에 다시 우리가 캠퍼스 시절 섬기는 교회로 부르시고 인도하셨다.

전역(轉役)

군의관 3년차 12월에 레지던트 시험이 있었다. 나는 모교인 조선대학병원에서 레지던트를 하고자 준비하고 있었다. 레지던트 시험은 경쟁이 심했다. 나는 통신부대로 온 이후 줄곧 의무실에서 레지던트 시험에 대비한 공부를 했다. 시험이 가까워지자 대대장은 한 달간 특별 휴가를 주어 광주에 내려가서 준비할 수 있도록 배려해 주었다. 나는 군에 오기 전에 일 년간 이비인후과를 보았기 때문에 이비인후과를 지원했다. 한편으로는 대학병원 이비인후과 과장님과의 인간관계도 나에게 유리하게 작용하리라는 기대도 있었다. 오전에 시험을 치르고 오후에 성적이 발표되었다. 그런데 특이한 방식이 적용되었다. 원서 접수 때에 지원한 과(科)를 불문하고 시험 성적순으로 원하는 과(科)를 정하는 것이었다. 시험 성적순(順)으로 이름을 불러서 원장실로 들어가면 원장님을 비롯하여 교수들이 빙 둘러 앉아 있고, 탁자 위에는 전공할 과(科)가 적힌 종이가 놓여 있었다. 레지던트 응시자들은 성적순으로 자기가 희망하는 과목 옆에 이름을 적어 넣으면 된다. 내 차례가 되어 원장실에 들어가니 이미 누군가가 이비인후과에 이름을 적어 넣은 후였다. 나는 다른 과목을 정해야 했다. 종이를 한 번 죽 훑어보니 '산부인과'가 얼른 눈에 들어왔다. 내가 선택할 수 있는 과목들 중에서 가장 마음을 끌었던 과(科)가 산부인과였다. 산부인과의 빈칸에 내 이름을 적고 나왔다. 평생의 전공과목이 그렇게 결정된 것이다.

레지던트 시험은 그렇게 끝났다. 산부인과 레지던트는 3명이 정원이었다. 산부인과에 합격한 나머지 두 사람은 이미 오래 전부터 산부인과를 하기로 결정하고 교수님들을 찾아 인사를 드린 친구들이었다. 흥미로운 것은 전년도까지는 산부인과 레지던트 T/O가 두 사람이었다. 그런데 그 해에는 T/O를 한 사람 더 늘리고자 교수들이 학회 관계자들을 만나 어렵사리 얻어 낸 T/O였다. 하지만, 산부인과를 하겠다고 인사를 온 사람이 시험 당일까지도 두 사람뿐이었다. 요즘 산부인과는 비인기과목에 해당한다. 분만이 줄어들고, 상대적으로 힘든 과목이라서 산부인과를 희망하는 사람들이 많지 않다. 하지만 당시에는 산부인과에 들어가는 것이 치열한 경쟁이었다. 때로는 인맥(人脈)이나 금맥(金脈)을 동원하는 경우도 있다는 풍문이 돌았다. 나는 이러한 정보를 전혀 알지 못한 채 겁 없이 산부인과를 지원하긴 했는데, 병원에 들어가서 이런 정황을 전해 듣고는 혼자 고민을 많이 하였다. 다행이 나의 그런 염려는 기우(杞憂)로 끝났다. 레지던트 시험이 끝났지만 전역(轉役)일자는 아직 많이 남아 있었다. 어느 병원이나 군의관들은 제대하고 5월 1일부터 병원 근무가 시작된다. 아직도 4개월의 시간을 군에서 보내야 했다.

레지던트 합격의 기쁨을 안고 부대에 돌아왔다. 아내와 함께 대대장을 찾아 인사를 드렸다. 집으로 인사를 갔는데 지금 기억해 보면 케이크를 사 가지고 간 것 같다. 아마 대대장의 기대에 많이 못 미쳤던 모양이다. 사실 나는 이런 일에 눈치나 아량이 없어도 너무 없는 것이 문제다. 지금 같았으면 대대장에게 좀 더 답례다운 답례를 해 드렸을지도 모른다. 당시 나는 대대장의 배려에 대한 응당한 감사가 부족했다. 얼마 후 정월 초하루에 대대장은 전 부대 간부들을 자기 집으로 초청하였다. 하지만 군의관은 오음산 격오지 부대를 시찰하라는 명(命)을 받았다. 신년 휴무일 격오지 부대 관리감독 지시가 여단 사령부로부터 하달되었다는 것이다. 오음산은 오음리와 비슷한 지명이라서 오음리에 있는 산 이름으로 생각하기 쉬운데, 오음리와 오음산은 아무런 관계도 없다. 오음산은 강원도 횡성군과 홍천군에 위치한 산으로서 해발 900m의 높은 산이다. 오음산 정상에는 중요한 군사시설이 있다.

12월 31일 오후에 부대에서 내준 지프차를 타고 오음산으로 향했다. 나는 전에 한 번 이곳을 차량으로 올라간 적이 있었다. 그러나 내가 시찰차 가던 때는 겨울이라 눈이 많이 쌓여서 차량의 접근이 어렵다는 것이다. 군용차량은 나를 오음산 밑에 내려 주고는 가

버렸다. 오음산을 혼자 걸어서 올라가야 했다. 마침 오음산 군사시설에 업무차 올라가는 다른 부대 하사관 한 사람을 만났다. 그는 오음산 군사시설로 올라가는 등산로를 알고 있었다. 오음산 정상까지는 약 두 시간 정도 걸렸다. 그런데 가파른 등산로를 따라 올라가면서 보니 눈이 쌓여서 미끄러울 뿐만 아니라, 경사가 너무 심해서 하산 길이 더 위험할 것 같았다. 등산로에 밧줄을 군데군데 연결하긴 하였지만, 일부 구간뿐이었고, 눈 쌓인 가파른 경사를 혼자 내려오다가 미끄러지기라도 한다면 실종사고가 날 것이 분명하였다. 특공부대에서 험준한 산악행군을 많이 해서 산악행군에는 자신이 있었지만 급경사의 얼어붙은 하산 길은 너무나 위험해 보였다.

　오음산 정상 요새(要塞)에서 하룻밤을 지냈다. 군사시설은 산 정상에 위치하고 있었는데, 사방이 흰 눈으로 덮여 있었다. 다음날 아침 일찍 하산해야 했다. 정월 초하루 교회에서는 오전에 신년(新年)예배가 있다. 산을 빨리 내려가면 춘천으로 가는 버스가 있을 것이고, 버스를 타면 한 시간 남짓이면 집에 도착한다. 내가 올라왔던 등산로를 따라 내려간다면 1시간 안에 차가 다니는 국도까지 도착할 수 있는데, 군사도로를 따라 걸어가게 되면 다섯 시간이 걸린다. 어느 길을 택할 것인가를 놓고 나는 다시 한 번 고민을 하였다. 등산로의 급경사를 따라 빠른 시간에 내려갈 것이냐, 다섯 시간의 긴 행군을 해서 안전하게 갈 것이냐. 아무리 생각해도 얼어붙은 급경사를 혼자 내려간다는 것이 너무 위험한 모험이었다. 나는 안전하게 군사도로를 걸어서 가기로 결정하였다. 다섯 시간을 걸어서 국도까지 와서, 같은 방향으로 가는 트럭을 얻어 타고 춘천까지 왔다. 교회에 도착하니 예배가 막 시작하려던 시간이었다. 대대장은 나보다 먼저 다른 곳으로 전출을 갔다. 나도 이어서 전역을 하였다. 전역신고를 위해 여단 사령부로 가기 전, 나는 내가 근무하던 오음리를 방문하였다. 정든 배후령 고개였다. 주일예배에 참석하였다. 목사님이 예고 없이 나더러 기도를 하라고 하셨다. 일어서서 기도를 하려는데, 오음리에서의 지난 2년 동안의 생활이 생각나면서 감정이 북받쳐 올랐다. 그리고 그때 배후령을 넘어온 이후로 나의 가슴 속 깊은 곳에는 언제나 그곳이 추억의 장(場)으로 남게 되었다.

III. 함성(喊聲) 가운데 들린 음성(音聲)

아버지의 감사일기

Ⅳ | 아버지의 감사일기

나는 전역 후 대학병원에서 전공의 과정을 마쳤다. 그리고 1991년 마침내 어릴 적부터의 나의 꿈인 대학교수가 되었다. 그리고 교수가 되고도 10여 년이 흐른 어느 날이었다. 아버지께서 '감사일기'라는 그동안 써 오신 일기장을 보여 주시는 것이었다. 거기에는 아버지께서 감사로 기록하신 소중한 기록이 있었다. 나는 나의 군복무 시절의 일부가 기록된 아버지의 일기를 읽으면서 다시 한번 군 생활의 추억과 감회가 가슴 깊은 곳으로부터 밀려오는 것을 느꼈다. 그리고 아버지의 기도가 나의 군 생활을 은혜와 승리로 이끌었던 보이지 않은 능력의 끈이었음을 알았다. 다음은 나의 군복무 시절의 일부가 기록된 아버지의 일기이다.

1984년 8월 10일 금요일

8월 10일 밤 구역예배를 드린 후 10시 42분 밤 열차로 서울에 갔다. 봉천동 큰댁에서 석환이 학생의 안내를 받아 노량진에서 전철을 타고 청량리에 갔다. 청량리에서 기차 편으로 춘천까지 두어 시간 걸려서 갔다. 삼복지절이라 무척 덥고 춘천으로 가는 한강 변에는 원색의 작은 텐트들이 즐비하고 물을 즐기는 많은 사람들이 보인다. 에스더와 송이, 지연이와 함께 춘천 호숫가에서 송이 엄마가 마련해 준 점심을 먹었다. 춘천 터미널에서 완행버스를 기다리다가, 그 편으로 화천군 간동면 오음리를 경유 유촌리 군인아파트로 향했다. 험준한 은혜의 골짜기(군의관으로 특공대 임지로 갈 때 창훈이가 명명한 이름)를 약 45분간 오음리를 거쳐 유촌리 아파트에 닿았다. 창훈이는 특공연대 군의관으로서 부대원들과 함께 천리행군 훈련에 참가했다가 새벽 세 시경에 돌아왔다.

"하나님의 선하심과 인자하심과 경륜의 뜻을 좇아 축복으로 빚어지는 광야교육을 온전히 감당하여 승리할 수 있도록 안보하시는 하나님께 의지하고 감사드립니다."

1984년 10월 9일 화요일 맑음

강원도에서 이곳 집에 다니러 온 며느리가 오늘 그의 친정이 있는 광주로 떠났다. 강원도에 가서 그 남편의 군복무를 내조하기 위해서 또 다시 강원도에 갈 것이다. 10월 2일부터 경기도의 광주에서 고된 낙하산 훈련을 마치고 이제는 무사히 귀대하는 행군 길에 올랐다고 저녁에 전화가 왔다. "딴 부대원들은 다리도 부러졌어요. 우리 부대는 모두 안전하고요……."

얼마나 수고가 많았으랴, "이 나라, 이 땅, 이 민족을 축복하소서. 평화의 낙원, 복음화 민족으로 축복하소서." 그 엄마와 함께 하나님께 감사 기도를 드렸다.

1984년 10월 14일 일요일 (음력 9월 20일)

오늘은 주일이다. 내 생일날이기도 하다. 강원도에서 보내온 만년필(Parker 45 made in England)은 내 생일 선물이다. 그들의 수고와 한결같이 믿을 수 있는 신실한 자녀들의 사랑 깃든 선물이다. 하나님께 감사드리며 그들의 영혼이 잘되고 범사에 형통하며 강건하기를 기원한다. 물질이 있는 곳에 마음이 있기도 하고 마음이 있는 곳에 물질이 있기도 함을 안다.

광주에서 며느리가 벌꿀을 가져왔다. 사돈댁에서 보내온 것이다. 사랑을 빚 이외에는 지지 말라 하셨는데, 다만 감사할 뿐이다. 나도 주는 자의 복을 누리며 살기를 원한다.

1984년 10월 20일

강원도에서 돌아오신 어머니께서 여수 은실이를 돌봐 주시고 닷새 만에 오셨다. 은실이는 왕할머니(외증조모)가 업어 주시면 그렇게도 좋아한다고 하신다. 고되시더라도 그 놈이 할머니를 기쁘시게 해 드리니 효도를 한 셈이다. 건강하고 아름답게 잘 자라서 하나님 보시기에 아름답고 사람들에게서 칭찬받는 귀한 것이 될 것을 믿는다. 저녁 밥상을 치우기 직전에 의무실 당직을 하는 창훈이에게 전화가 왔다. 기쁜 소식, 감사할 소식이다. 고구마, 쌀 등 춘천에서 택시로 운반했다고 한다. "하나님의 가호하심을 늘 그들 위에 함께 하시기를 기도합니다. 기쁜 소식을 듣게 하시고 우리 기도를 들어 주시는 하나님께 항상 감사드립니다."

1984년 11월 13일 화요일

효자, 효부를 허락하신 하나님께 감사를 드린다. "하나님 아버지 진실로 감사합니다." 10월 20일 새벽기도 이야기를 했다. 그들 부부는 서로 이야기가 된 모양이다. 창훈이는 히브리서 11장 1절 말씀 "믿음은 바라는 것들의 실상이요 보지 못하는 것들의 증거니"라는 말씀을 들어 기쁨으로 찬성했다. 매사에 때가 있나니 하나님께서 허락하시면 꿈이 현실로 찬란하게 이루어질 것이다.

1984년 11월 17일

아침 9시 18분 열차 편으로 임지를 향해 창훈이와 그의 처는 떠났다. 여호수아 1장 7절로 15절 말씀으로 은혜 가운데 떠났다. 부모에게 기쁨과 소망과 감사를 갖게 하고 떠난 그들의 앞날이 하나님의 약속대로 잘되고 장수할 것이다. 내가 갖는 꿈 그것은 일시적으로 아무데서나 자아낸 생각이 아니다. 10월 20일 새벽 교회당 예배실의 한 걸상 아래에서 받은바 은혜의 음성임을 확실히 믿는다. 이 사실은 내 신앙의 생명과 동반할 것이다. 꿈을 가꾸고 준비에 게을리 하지 않겠다.

1984년 12월 14일 금요일

창훈이에게서 『일용한 양식』 책을 보내오고 며느리는 장장 8페이지에 달하는 서신을 보내왔다. 주 안에서 빚어진 며느리의 사랑과 진실에 얽힌 그 사연을 읽고 하나님께 감사드리며 눈물겹도록 고마워했다. '사랑하는 자부야. 진실로 너를 돕겠다. 하나님께 네가 서원한 대로 하나님 중심으로 살자꾸나. 하나님께서 인도하시고 축복하심 따라 감사하며 봉사하며 섬기고 살자꾸나. 너의 찬란한 꿈이 현실로 이루어지는 것을 보고 감사하며 살다가 가고 싶구나. 고마운 아들과 며느리, 너희 영혼이 잘됨같이 범사에 잘되고 강건하기를 나 또한 기도한다.'

1985년 1월23일 수요일 맑음

창훈이 엄마와 함께 광주엘 갔다. 며느리가 강원도 화천군 파로호에서 스케이트 연습 중 팔목을 다쳤다. 바른 팔목 골절로 인하여 고통을 겪다. 군복무 중인 남편을 내조하고 수고하다가 돌아온 며느리가 어쩌면 대견스럽고 고맙기만 하다. 혹한 중에 고생이 많았겠지만 얼굴이 참 좋고 건강해 보인다. 잠시 동안의 부주의로 팔을 다쳤지만 하나님께 감사드린다. 모든 것이 합력하여 선을 이룰 것이기 때문에……!

오후 5시경 순천행 고속버스로 북부에서 내렸다. 수요일 저녁예배에 참례하였다. 창훈이의 내외(부부)도 집사 직분을 맡았다고 한다. 다만 경외하며 충성하기를 기도드린다. 감사를 드리며…….

1985년 4월 3일

강원도의 며느리로부터 은실이 첫돌 축하 선물로 베이비복을 보내왔다. 소포로 보내오면서 기쁜 소식도 보내왔다. 2주간의 훈련을 마치고 돌아온 군의관 송창훈 중위의 전우들과의 주 안의 사랑도 적어 왔다. 수고하고 섬기며 기도하는 며느리가 고맙기만 하다.

1985년 9월 3일 화요일

강원도 며느리한테서 편지가 왔다. 그 엄마가 기뻐하며 내주었다. 그네에 앉아 촬영한 창훈이 사진을 동봉한 편지에는 며느리가 시어머니에게 보낸 사랑스런 편지였다. '이 세상에서는 다시는 없을 제일 좋은 고부 관계로 축복하신 하나님께 감사를 드립니다.' 책과 용돈을 선물로 받은 기쁨을 감사하는 내용이며, 춘천에서 지내는 창훈이 생활 이야기들이랑 자세한 내용이었다. 읽고 하나님께 감사를 드렸다. "하나님 감사합니다. 그 자녀들에게 이 땅에서 잘되고 장수하는 축복이 약속되셨음을 하나님께 감사드립니다."

1985년 9월 13일 금요일

며느리가 선물을 보내왔다. 시어머니 에스더의 생일 선물이다. 깨끗하고 예쁜 원피스, 내게는 양말과 넥타이, 반갑고 기쁘다. 그러나 한편 사돈댁에 신세를 끼친 것 같아 미안한 마음이 든다.

춘천에서 전화도 왔다. 효성스런 아들 창훈이로부터 인제 춘천에서 업무를 마치고 내일 귀대한다는 것과 그의 엄마 생일 선물 이야기로 전화했다고 한다. 이 모든 것 살아 계신 하나님께 감사를 드린다. "내가 아무리 의를 행한다 해도 하나님의 의를 따를 수 없고, 내가 아무리 지혜롭다 해도 하나님의 지혜를 따를 수 없는 것이다." "항상 기뻐하라. 쉬지 말고 기도하라 범사에 감사하라. 이는 그리스도 예수 안에서 너희를 향하신 하나님의 뜻이니라."(데살로니가전서 5:16~18)

1986년 2월 27일

광주에서 아침 일찍 전화가 왔다. 사부인께서 우리 자부가 아들을 순산했다는 기쁜 소식을 전해 주셨다. "먼저 하나님께 감사와 영광을 드립니다. 감사합니다. 감사합니다! 택하신 딸 미숙에게 아들을 허락하시고 축복하신 그 은혜와 그 사랑을 진정으로 감사합니다. 그 아들에게서 건강과 지혜와 명철을 허락하시어서 하나님 영광을 위해서 살고 인류에 공헌하는 복을 허락하옵소서. 감사, 감사 기도합니다."

1986년 2월 28일

광주에 가서 새 사람을 만나보고 축복하고자 한다. 이름은 송한림(宋翰林)으로 명명하였다. 한림학사같이 훌륭한 인물이 되라고…….

1986년 6월 6일

온유하고, 겸손하며, 진실한 사랑의 사람. 우리 자부의 대명사다. 이 진실하고 겸손한 사람을 하나님께서 보내 주셨다. 창훈이와의 대화에서 또한 하나님께 감사를 드린다. 우리에게 어려운 문제들을 해결함 받고, 자유하게 되기 위해서는 우리의 합심으로 기도해야 할 것을 믿는다. "진실로 다시 너희에게 이르노니 너희 중에 두 사람이 땅에서 합심하여 무엇이든지 구하면 하늘에 계신 내 아버지께서 저희를 위하여 이루게 하시니라." (마태복음 18장 19절).

1986년 7월 25일

한림이의 사진을 보내왔다. (백일기념 사진) 1986년 2월 27일 새벽 4시 출생으로 백일 남짓 자란 그 모습이 너무너무 의젓하고 잘난 사내아이이다. 먼저 축복해 주신 하나님께 감사를 드린다. 아니! 그 사진을 볼 적마다 "하나님 감사합니다." 그의 엄마 편지 내용에 의하면 아무데나 '쉬' 해 버리고 시치미를 뗀 표정이라고……. 권세가 당당하고 눈빛이 총명하기 그지없다. 참 잘난 사내아이이다.

"자식은 여호와의 주신 기업이요. 태의 열매는 그의 상급이로다."

"하나님 감사합니다. 그 아기 한림이로 하여금 하나님께 더 크신 영광을 드리게 하소서."

파로호를 그리며 Ⅴ

V | 파로호를 그리며

여기에 실은 글들은 그동안 내 개인 블로그에 올려놓았던 내용인데,
주로 군(軍) 생활에 대한 회고와 국가관에 관한 글이다.

졸업 20주년을 맞아

의과대학 졸업 20주년을 맞아 모교 방문행사에 참석했다. 학교를
졸업하고 인턴과 군복무, 그리고 전공의 시절을 거쳤다. 그리고 나
는 모교인 조선의대 교수로 남게 되었다. 1991년 4월에 전임강사
발령을 받았으니, 벌써 12년째이다. 그러고 보니, 7년 동안의 학창
시절과 8년간의 수련기간을 거쳐 교수가 되었다. 세월은 빠르고 숨
가쁘게 흘렀다. 수많은 추억들이 스쳐 지나간다.

함께 졸업한 동기들은 어떻게 지내왔을까? 대부분 개업을 하여
이제 중년의 나이에 들어선 중후한 신사들이 되었다. 내가 걸어 온

길과 그들이 지내 온 길이 각자에게 어떤 의미가 있을까? 나는 과연 졸업 후 20년 동안 무엇을 하였으며, 과연 나는 나의 달려온 길에 후회 없는 만족을 하고 있는가? 학창시절 꿈꾸며 기도하던 목표들에 얼마나 가까이 다가서 있는가? 나는 학창시절 신앙과 전공 사이에서 꿈꾸며 기도하던 자였다. 그 꿈은 세계적인 메신저요 신경외과 의사가 되는 것이었다. 지금 나의 전공분야는 산부인과이다. 사실 전공과목이 그렇게 중요한 것은 아닌 것 같다. 전공과목으로 평가되거나 성공을 예측할 수 없기 때문이다.

나는 지금 대학생성경읽기선교회의 평신도 목자가 되어 주일이면 말씀을 섬기고 전한다. 메신저가 된 것이다. 약 20여 명의 작은 모임을 인도하고 있다. 세계적인 메신저로서는 아직 요원하다. 그리고 나는 대학교수로서 강단과 연구실을 지키고 있다. 교육과 연구에 열정을 가지고 임했으며 교육과 진료, 연구가 나의 소명임을 알고 오늘까지 달려왔다.

나는 나의 달려온 길이 하나님의 놀라운 은총으로 가득한 길임을 조금도 의심하지 않는다. 의대를 졸업하고 군의학교에 들어갔다가 건강문제로 중퇴하고 집으로 돌아오던 버스 속⋯⋯. 추리닝에 운동화, 머리는 짧게 깎은 훈련병의 모습, 대구에서 순천으로 오는 밤 버스 속에서 나는 멀미하고 토하고⋯⋯.

집에서 머무는 시간도 잠깐, 나는 아무런 대책이 없는 나의 젊은 날의 진로가 조바심이 나서 일자리를 찾아 나섰다. 주치의였던 교수님의 소개로 해남병원을 찾아갔다. 인턴자리가 없단다. 연락처를 남기고 온 후에 전국을 뒤져서라도 인턴자리를 찾고자 하였다. 사실 나는 대학 4학년 한 해를 병마와 싸우느라 제대로 공부하지 못했다. 그래서 선망하고 선망하던 전주예수병원 인턴에 응시했으나 낙방하고 말았다. 의사국가고사를 합격한 것은 하나님의 은혜요, 두 달간 순천에 내려가 집중하여 공부한 덕이리라. 부산과 마산을 거쳤다. 가는 곳마다 인턴자리는 없었고, 더구나 군의학교 중퇴자는 채용할 수 없다는 것이다. 마산에서 하룻밤 묵으며 한 종합병원에 전화를 걸었다. 응급실이었는데 교통사고 환자로 정신이 없다는 것이다. 그래서 생각을 바꾸었다. 하나님께 나아가 기도하자, 오산리 순복음 기도원에 3일간 금식기도를 떠났다. 여동생 진주가 보호자 겸해서 동행해 주었다.

순복음 기도원은 내가 하나님의 응답을 들은 은혜의 동산이다. 그곳에서 나는 마태복음 6장 33절 말씀을 받았다. 그리고 기도원에서 내려오면서 광주로 오는 대신 대구 군의학교로 내려갔다. 진주만 순천행 열차를 탔다. 대구에 도착한 시각은 다음날 새벽이었다. 가까운 교회에 나가 새벽기도를 하고 군의학교에 들러 중퇴증명서를 발급받았다. 기도원에서 내려오자마자 해남병원에서 전화가 온 것이다. 인턴으로 오라는 것이다. 그것은 하나님의 기적 자체였다. 해남병원에 가기 전에 나는 조대병원에서 두 달간 배웠다. 해남병원에서의 나의 일은 이비인후과 외래를 담당하는 것이었다. 그리고 응급실 당직도 맡았다. 해남병원은 나에게 하나님의 은혜와 도우심이 숨겨 있는 신앙적 밀월장소였다. 그곳에서 처참한 교통사고 환자와 농약 중독 환자 등 많은 응급환자들을 돌보았다. 그리고 이비인후과 외래와 수술을 도왔다.

그런데 군대문제는 여전히 풀리지 않았던 숙제였다. 어머니와 함께 대구 군의학교에 대위로 계셨던 기독학생회 선배님을 찾아가 보기도 했지만 별다른 묘책은 없었다. 결국 군의 14기에 다시 들어가 훈련을 받았다.

군의학교에 들어가기 3일 전에 나는 결혼하였다. 그러니까 신혼여행 3일을 지내고 군의학교에 들어간 것이다. 그것은 갓 결혼한 젊은이에게 몹시도 고통스러운 추억이었다. 군의학교 훈련은 4월 중순에 마치는데 9주간을 군의훈련소에서 보내야 하는 것이다. 내무반 창 너머로 보이는 3월의 영천 들판은 신혼기간을 훈련소에서 보내는 나에게 잊지 못할 시간들일 것이다.

지금까지 살아오면서 봄볕을 받으며 돋아나는 파란 새싹들을 그토록 기다리며 반가워하던 적은 없었다. 내무반 건물 옥상에서 어느 날 멀리 들판을 보니 파랗게 변한 영천들이 눈에 가까이 다가왔다.

모든 것이 두고 온 새색시인 아내에게로 향했다. 훈련장이 멀리 있는 날이면 새벽같이 일어나 식사를 하고 행군해야 한다. 산길을 따라 새벽행군을 하는데 날이 밝아오면서 하얀 눈이 만들어 내는 눈꽃송이가 너무나 황홀하였다. 그 광경이 너무 아름다워 아내와 함께 이 모습을 보면 좋겠다고 생각하였다.

702특공연대 3대대!

나의 군복무는 이곳에서 시작되었다. 군단장, 연대장, 대대장에게 전입신고를 마쳤다. 군인아파트 206호가 기다리고 있었다. 아! 강원도 산간에서 맞이하는 신혼살림이 이곳에서 차려지는데도 얼마나 오묘한 하나님의 은총과 인도하심이 있었던가!

이제 의과대학 졸업 20주년 기념행사가 곧 시작된다.

아마도 멀리서 여러 동기동창들이 올 것이다. 의과대학을 졸업하고 처음 만나는 이들도 있을 것이다. 나는 함께 졸업한 명단에서 이들의 이름을 하나하나 읊조려 본다. 기억이 나는 이들도 있지만 기억이 나지 않는 얼굴들도 있다. 은사님들은 또 어떤 분들이 오실까? S교수님도 오시겠지…….

하나님, 지난 20년을 돌아보면서 저는 하나님의 은혜에 감사와 찬양을 돌려드립니다. 저의 인생길을 복 주시고 교수의 길로 인도하사 비록 물질적으로는 풍요롭지 못했지만 하나님의 은혜 속에 살게 하시니 감사합니다. 교수로서 생활에 필요한 것들을 주셨고, 부모님과 가족들을 돌보게 하시니 감사드립니다.

그리운 오음리

20년 만에 오음리의 사진을 보고 나는 깊은 감회로 사진 속의 길들과 산기슭을 뚫어지게 살핀다. 인간의 추억이란 참으로 기이하기 이를 데 없다. 나의 지금까지 살아온 시절들의 추억이 깃든 마을과 도시와 산과 강들이 그렇게도 많을 것인데 왜 군 시절의 추억이 서려 있는 오음리의 사진이 이토록 내 마음을 찡하게 할까?

물이 마른 파로호 호수 바닥에 작은 길들이 나 있는데 그 길을 따라 부대와 군인아파트를 오갔다. 물이 가득 들어찬 파로호는 푸른빛이 짙은 드넓은 호수이다. 호수 위로 배들이 학생들의 통학을 돕는다. 아침 출근길에 나도 가끔씩 학생들과 함께 이 배를 타고 출근하기도 하였다. 겨울이면 호수가 꽁꽁 얼어서 그 얼음 위로 다니기도 하였다. 골짜기 굽이굽이 나 있는 작은 소로들은 모두가 훈련들의 사연이 깃든 길들이다. 특공 사격장과 2대대, 3대대, 연대본부가 보인다. 이 사진을 아마 AOP에서 찍은 것이 분명하다. 멀리 유격장이 있는 험준한 산자락이 보이고, 그 산등선을 넘던 행군들이 기억난다. 구만리로 향하던 굽이굽이 길모퉁이가 생생하다. 언젠가 나는 이곳을 한번 들러보리라.

군 생활의 그리운 향수로 뭉친 그대들에게

특~공! 느닷없이 전화기에서 들려오는 특공 소리에 깜짝 놀랐는데, 전우회 관련 전화였다. 나는 갑자기 20년이 지난 군 생활에 대한 추억과 감회가 새로워지면서 가슴이 뛰는 것을 느꼈다. 왜일까? 남자들 군대 얘기, 거기다가 군에서 축구하는 얘기가 제일 듣기 싫다고들 하는데, 또 혹자는 부대가 있는 쪽을 향해서 오줌도 누기 싫다고 하던데, 나는 왜 전우회 소식에 가슴이 뜨거워질까? 나만의 감회만이 아닌 것이다. 특공부대에서 군 생활을 했던 대부분의 장병들이 각각 군 생활을 보낸 시절이 다르긴 하여도 702특공부대라는 연대감과 자긍심과 뜨거운 감회로 충만하다.

젊은 날을 국가의 부름으로 군에 와서 가장 힘들다고 하는 특공부대의 용광로와 같은 훈련을 거친 것이 우리에게는 인생의 훈장이요, 자랑이요, 추억이며, 자긍심이 되었다. 우리는 특공용사로서 천리행군과 공수훈련과 특공 3단계의 침투습격, 타격 도피탈출, 그리고 혹한기와 쉴 새 없이 계속되던 훈련에 훈련을 거친 그 이름도 자랑스러운 특공부대 요원이었다. 오른쪽 가슴에 특공 마크를 달고 춘천 시내를 활개 치던 우리의 자랑스러운 모습을 생각해 보라.

그 자긍심은 바로 힘들고 고되었던 특공훈련에서 온 것이 아니던가! 우리는 대한민국의 특공대원이었다. 처음 중위 계급장을 달고 부대에 배치되어 나는 방금 훈련에서 돌아온 소대장과 특공소대원들을 보았을 때, 그들의 민첩함과 K1 비껴 차고 단독군장을 한 모습에서 "아 전쟁이 나도 우리가 이기겠다" 하는 안도감을 가졌다. 진짜 군인의 모습을 보았다. 특공부대원들은 민첩하고 특별하였다. 그들은 훈련을 강도 높게 감당하였다. 나는 만 2년 동안의 군의관생활을 하면서 특공부대 전우들이 어떤 고생을 하는지, 그들이 수행하는 온갖 훈련에 함께 동참하며 또 목격하였다. 국가의 부름을 받아 젊음을 바치는 이들의 모습이 지금도 내 가슴 속에 살아있다. 이제 특공 전우회는 바로 이들의 모임이다. 특공 전우회의 가슴 속에는 오음리에서 그리고 2군단 지역을 종횡무진 작전지역으로 누비던 그 시절이 골수에 새겨 있는 것이다. 그것은 국가의 부름에 대한 헌신의 시절이었고, 각자의 인생에서 가장 밀도 높은 잊을 수 없는 추억이다. 오늘날 사회와 나라가 변화의 소용돌이를 겪고 있다. 가치관과 주장이 난무하다. 남북관계와 국제관계가 예측할 수 없이 질주한다. 군에서는 사건사고가 들려온다. 사회와 사람들의 생각이 예전 같지 않는 것이다.

이러한 시기에 우리는 여전히 특공 혼으로 뭉치고 나라를 향한 애국으로 하나 되었다. 우리는 나라의 흔들리지 않는 정신이고 힘이다. 우리는 후배들을 이끄는 정신의 축이자 후원자이다. 이 나라와 이 땅이 있기까지 우리의 선배들이 흘린 자유를 위한 값진 희생이 있었던 것처럼, 우리는 이 땅, 이 나라를 위한 식지 않은 뜨거움의 젊음이자 혼이다. 우리는 대한의 아들로서 특공부대 군인이 되어 땀과 젊음을 바쳤다. 우리의 땀과 함성이 이 땅을 지켰으며, 지켜 나가고 있다. 누가 뭐라고 하여도 우리는 국가에 바쳤던 그 강도 높은 특공인의 시절을 자랑스럽게 여기며 우리의 자긍심으로 삼는다.

20년 만의 오음리 방문

나는 이번 전우회에서 마련한 소중한 기회를 통해서 그리운 3대대를 방문하게 되었다. 토요일 근무 일정상 오후 두 시에 고속버스를 타고 춘천에 내린 것은 밤 여덟 시가 가까운 시간이었고, 곧바로 차를 렌트하여 배후령 고개로 향했다. 20년 만에 와 본 춘천은 강산이 두 번 바뀐 터라 많이 변해 있었지만, 춘천역과 캠페이지를 지나는 도로를 가는데 춘천역은 이제 이전하였다고 한다. 소양 1교를 지나 옛날 헌병초소가 있는 로터리에서 우회전하여 구101 보충대와 ○군단사령부가 있는 길로 향하다가 배가 고파서 닭갈비로 저녁을 마쳤다. 밤 아홉 시가 다 되어 배후령을 넘는데 짙은 안개로 한 치 앞을 못 보게 시야가 좋지 않았지만, 과거 훈련받으면서 미등만 켜고 운행하던 시절을 생각하면서 배후령을 무사히 넘었다. 길은 포장이 되어 배후령을 넘는 시간은 그리 길지 않았다. 사무치게 그립던 오음리를 지나 3대대에 들어가니 이미 박 총무가 정문 초소에서 맞아 주어서 나는 아내와 함께 3대대에 무사히 안착하였다. 연병장에는 전우회 회원들과 가족들이 진을 치고 흥겨운 여흥의 시간을 가지고 있었다. 몇몇 분에게 인사를 드리고 이내 아내는 박 총무가 마련해 준 2층 내무반을 숙소로 잡아 가고, 나는 1층 상황실에서 다음날 있을 예배 말씀을 준비하였다. 이곳에 오기 전에 워크숍이다 근무다 하여 미처 말씀을 준비하지 못해서 나는 노트북을 가지고 와서 설교말씀을 마무리하였다.

잠자리에 든 시간은 새벽 두 시가 넘었는데, 과거 ○○중대 내무반이 자리하던 곳이 우리 숙소였다. 3대대는 현재 전투지원단으로 활용하고 있고, 현 3대대 병력 일부가 와서 관리하고 있는 터라 영내 환경관리며 건물관리 등이 예전 같지 않다는 느낌이었다. 대대장 관사도 비어 있고, 내무반 천장에서 밤새 물이 떨어지고 있어서 지난날 공수 훈련차 돌아오던 시절, 텐트에서 물에 젖던 시절이 생각나기도 하였다.

주일 아침 여섯 시 반에 기상하여 아침 점호에 참가하였다. 병사들과 전우 회원들이 웃옷을 벗고 연병장을 두 바퀴 도는 것으로 아침 점호가 끝났다. 이어서 아침식사와 오전 짧은 시간 영내를 돌아보는데, 사병식당은 그대로인데, 장교식당이 폐쇄되었고, BOQ도 철거되고 없었다. 연대장님 관사는 그대로이나 20년 전 자잘한 나무들이 이제는 큰 키의 짙은 숲을 이루고 있었다. 연병장과 막타워, 헬기 레펠탑 등이 어진하였다.

나는 이곳저곳 영내를 돌아보면서 추억의 현장을 더듬으면서 깊은 감회에 젖었고, 예배가 끝난 오후에는 파로호 주변과 배후령 고개 입구, 방천 고개 쪽, 오음리와 유촌 등을 돌아보았다. 가을의 햇살이 기가 막히게 풍성한 오후였다. 20년 만의 방문은 나와 아내에게 참 좋은 시간들이었다.

이제는 길들이 포장이 되고 옛날 굽이굽이 걷던 논둑길이며 산

길들이 이제는 포장도로가 되어 시원스럽게 뚫려 있었다. 그리운 3
대대, 누구나 인생에서 그리워하는 곳이 있기 마련이지만, 이번 전
우회에서 마련한 부대방문 기회는 너무나 추억에 남을 귀한 시간
이었다. 가족들을 설득하여 부대를 방문하고, 옛날의 추억 속에서
눈물 흘리는 특공전우들을 보았다. 특공부대는 이제 나의 삶 속에
서 아름다운 추억의 한 장으로 소중하게 자리하고 있다.

사진 16 특공전우회의부대방문행사.

해마다 전우회원들이 가족을 동반하여 부대를 방문한다. 아이들까지 온 가족이 부대를 방문하여 병영체험을 하고
있다. ❖ 출처 : 대한민국702특공전우회(http://702commando.co.kr)

사진 17 병영생활체험

중고등학생들의 병영생활. 학생들은 병영체험을 통해 단결심과 협동심, 인내, 국가관을 배운다. 현재 부대가 위치한 화천군 파로호 주변은 여러 전쟁 유적지와 기념관 등이 있어 호국의 중심지가 되고 있다.

❖ 출처 : 대한민국702특공전우회(http://702commando.co.kr)

사회의 난기류를 우려한다

우리 사회의 기류가 심상지 않다. 쇠고기 파동을 빌미한 반정부 촛불집회하며, 대운하 반대 운동, 그리고 지난 대선을 통해 극에 달했던 흑색 비방선동을 생각할 때, 우리 사회의 저변에 심상치 않은 어두운 그림자가 흐르고 있음을 의심하지 않을 수 없다. 지난 10년 동안의 좌파정권이 쌓아 놓은 유무형의 자산이 이미 사회 요소요소에 암적인 존재로 자리잡고 있다. 오늘 저녁 KBS의 11시 뉴스라

인이 보이고 있는 행태란 과연 공영방송인 KBS의 보도라고 상상하기 어려운 실정이다. 지금 공영방송 KBS는 대한민국 정부와 국회와 국민을 위한 방송이 아니라 자유민주주의 보수정권을 침몰시키는 것이 목적인양 행동한다. 좌파 정권의 하수인들을 당장 자유대한민국의 공영방송 KBS에서 도말시켜야 한다.

대한민국은 건국 이래 한번도 공산 세력을 국민의 함의로 동의한 적이 없는 자유민주주의 국가이다. 그럼에도 불구하고 지난 10년 동안 자유민주주의 국가 대한민국은 붉은 무리에 편향된 좌파 세력들에 의해서 철저히 유린되고 농락을 당했으며, 건전한 보수우파들은 반통일 세력, 극우 세력, 군사독재의 잔당, 부패한 무리로 매도되었지 않는가! 물론 자유민주주의를 신봉하는 보수층들이 사회를 향한 책무와 국가를 위한 봉사에서 자성하고 돌이켜야 할 많은 부분들이 있음을 우리는 잘 알고 있다. 그럼에도 불구하고, 대한민국의 자유민주주의는 어떠한 명분으로도 침해를 당해서는 안 되는 국가 헌법의 정신이다. 이러한 합의 아래에서 우리는 갑론을박 미래의 발전과 이상을 향해 토론하고 쟁의하며 함께 나아가야 하는 것이다. 그런데 안타깝게도 지금까지 우리 사회와 우리의 정치와 우리의 분단 상황은 그렇지 못하였다. 남북은 휴전선을 사이에 두고 50년 이래 전쟁이 지속되었으며, 그러는 와중에 북은 남한에 무장공비를 보냈고, KAL기를 폭파시켰으며, 아웅산 테러를 자행하였다.

햇볕정책과 남북화해는 좋은 것이었다. 그렇지만, 남북문제, 이념문제, 체제문제는 대운하나 쇠고기 파동과는 근본적으로 차원이 다른 국가 운명을 가름하는 중대한 문제이기에, 국민적 합의의 과정이 중요한 것이었다. 하루아침에 반세기 동안의 혈맹을 등진다거나, 친북반미의 여론몰이는 보나마나 북한의 일인통치 정치놀음에서 보와 왔던 뻔한 수작들이 아니었던가! 지금 우리 사회의 난기류는 분명히 지난 10년 동안 좌파 정권이 뿌려 놓은 가라지들이 자라면서 사회의 요소요소에서 자유민주주의 국가로서의 행보를 방해하는 어둠의 세력들로 말미암았다. 이제 뉴라이트와 같은 건전한 보수가 등장하여 사회를 이만큼 우향우하도록 만들었듯이 제대로 국가관이 정립된 대한민국의 혼을 가진 백성들은 좌파가 심어 놓은 미혹의 세력을 분쇄하고 국가를 탄탄한 정신적 토대 위에 세우는 일에 나서야 할 것이다.

미혹의 영에 대적하는 전략이라고까지 할 수 있는지 모르겠으나 나의 짧은 단견으로서 다음과 같은 의견을 제안한다. 첫째, 북한의 체제와 이념이 보여 주고 있는 현실을 직시하도록 폭넓은 홍보가 필요하다. 북한의 실상을 알 때 얼마나 북한 공산정권과 김정일 체제가 국민을 위한답시고 존재하지만 국민을 사지로 몰아가는 세력들인가 깨달아야 하는 것이다. 최근 천국의 국경이라든지, 탈북자들의 실상을 촬영한 영화들이 소개되면서 많은 사람들이 북한의 실상을 이해하게 되었다. 이러한 홍보와 발굴작업을 지속적이고 체계적으로 감당할 수 있도록 전략과 재정적 지원이 필요하다고 생각된다. 둘째, 좌파이론을 공격하고 훼파하는 변증적인 학자들을 양성하거나 전문가를 키워야 한다. 셋째, 보수와 자본주의가 갖는 모순과 한계를 극복할 수 있는 대안을 연구하고 개발함으로써 자본주의와 자유민주주의의 어두운 부분을 좌파들의 공격대상으로부터 보호하는 수준에서 멈추지 말고 새로운 비전과 희망을 제시하는 데까지 나아감으로서 이론적으로도 그들을 능가해야 할 것이다.

그러나 가장 중요하고도 결정적인 문제는 복음으로 대적하는 일이다. 공산주의에 대하여 기독교 복음만큼 강력한 무기는 지구상에 없다. 복음화는 공산주의를 무너뜨린다. 중국에 기독교가 편만이 들어가도록 기도해야 한다. 이 나라가 복음화 되도록 기도해야 한다. 그런 면에서, 기독교인들은 나서서 좌파와 싸우지는 않았지만 좌파들을 힘 못쓰게 한 가장 강력한 힘이었다. 이명박 대통령이 기독교 장로님이 아니신가!

성경을 강해하다 보면 인생관을 다루게 되고, 세계관을 다루게 된다. 하나님을 알게 되면 우선 세계관이 달라진다. "하나님이 천지를 창조하시니라" 성경 창세기 1장1절에 기록된 말씀이다. 그래서 하나님을 믿고, 복음을 영접하면 우선 세계는 하나님이 창조하신 피조세계임을 알게 된다. 우주의 주인은 하나님이심을 알게 된다. 인간은 하나님의 형상을 좇아 창조된 영을 지닌 존재임을 알게 된다. 그리고 인생관이 달라진다. 나의 인생의 주인은 하나님이심을 새롭게 깨닫게 된다. 인간은 하나님을 섬겨야 하는 존재임을 알게 된다. 그리고 하나님이 아닌 인간이나 피조물을 섬기는 것은 우상숭배임을 인지하게 되는 것이다.

세계관이 바뀌고, 인생관이 바뀌면 누가 함부로 할 수 없는 것이다. 김정일, 모택동이 쌀과 음식을 준다고 세뇌공작을 한들 반 푼어치나 귀에 들어올 리 없는 것이다. 그러니 중국 공산당이 가장 싫어하고, 북한 공산당도 싫어하는 것이 기독교 복음 선교이다. 기독교와 공산당은 적이다. 지금 한국사회의 난기류는 사상의 난기류요 신앙의 난기류이다. 생각과 사상의 미혹이 심한 것이다. 가치관의 혼돈과 방황이 심각한 것이다. 인생관, 세계관이 혼미 속에 부유하고 있는 것이다. 이러한 난기류는 어느 누구만의 문제만이 아니라 국가적인 위기인 것이다. 어린 학생들의 국가관이 어떤지, 안보관이 어떤지, 이념이 어떠한지, 우리는 이미 짐작하고도 남음이 있다. 사상적 미혹이 극에 달한 것이다. 이 상황을 어찌할 것인가! 바른 가치관, 바른 인생관, 바른 세계관을 심는 일에 나이 든 사람들이 나서야 할 것이다. 제대로 훈련받고, 교육받고, 정신과 사상이 제대로 무장된 기독교인들이 나서야 한다. 나이 들었다고 모두가 제정신, 제 사상인 것은 아니다. 나이 들고도 이인모 같은 사람이 있고, 나이가 어려도 사무엘 같은 사람이 있는 것이다. 사회의 난기류를 우려하면서 이 글을 쓴다.

나라의 기강이 흔들리고 있다

나라의 기강이 흔들리고 있다. 그동안 반공을 이념적 토대로 하여 힘겹게 쌓아 올린 대한민국의 정체성이 요즘 흔들리고 있음을 목도한다. 국가를 이끌어 가는 위정자들과 지도자들의 행태가 수상쩍기 그지없다. 역사를 해석하는 역사관은 정체성의 근간이라 할 수 있는데 왜곡되고 굴절된 눈으로 역사를 바라보는 위험한 사상들이 고개를 들고 일어서고 있다. 한때 운동권 세력에서만 외치던 좌경화된 논조가 이제는 국가의 중심부로부터, 국회의원과 위정자들의 입에서 새나오고 있는 모습을 본다.

우리는 북한 공산세력에 대해 경제성장과 국력에서는 절대적 우위를 차지하고 있지만, 사상전에서는 이미 무너져 내려가고 있는 소리들이 여기저기서 들려온다. 우리의 싸움은 혈과 육의 싸움이 아니라, 영적 싸움이요 사상의 싸움이며 이념과 세계관과 역사관의 싸움이다. 자유대한민국 국민과 그리고 이곳에서 신앙의 자유를 누리는 우리 기독교인들의 적은 공산주의 사상이다. 공산주의는 계몽주의, 인본주의와 함께 기독교의 최대 원수이다. 자유민주주의의 적이다. 공산주의 이데올로기는 하나님을 부인하고 대적하며 기독교를 적대시하여 말살한다. 중국에서 온 유학생들과 성경공부를 하고 있는데, 한번 공산주의 이념에 뿌리내린 생각이 얼마나 지독하게 철저한지를 실감하게 된다.

우리가 그동안 자유를 누리면서 경제발전과 민주화에 힘을 쏟는 동안 저들은 한시도 이념전쟁의 줄을 늦추지 아니하였다. 온 나라에 공산주의 사상의 붉은 깃발이 나부끼는 시절을 기다리면서 각고의 투쟁과 운동을 전개해 온 자들이다. 나는 캠퍼스에서 직접 이들과의 대화를 통해 이 말을 듣고 놀란 적이 있다. 그는 서울에서 학교를 다니면서 광주까지 내려와 공산주의 이념의 전도자를 자임하고 있었다.

어제 100분 토론을 들으면서 이들의 공통된 주장과 논리를 보았다. 이미 체제경쟁은 끝난 마당이니 자유롭게 온갖 사상을 들어주고 논의할 수 있다는 이론이다. 이것이 저들의 간교한 수법이며, 우매한 대중이 속기 쉬운 전략이다. 거짓 사상과 이념은 뱀처럼 소리 없이 우리의 역사를 왜곡하고, 정체성의 근간을 허물며, 이념적 토대를 마비시키려 한다. 저들은 대한민국의 역사를 오욕과 질곡의 타파해야 할 잘못된 역사로 왜곡한다. 저들은 우리 역사의 빛나는 승리를 수치스런 해악의 오점으로 저주한다. 저들은 우리를 위해

숭고한 피를 흘려 준 자유우방의 우정을 돌이킬 수 없는 살육의 원흉처럼 증오한다. 저들은 우리의 자랑스러운 역사, 땀과 눈물과 하나님의 은혜로 아롱 새겨진 지나온 발걸음 하나하나가 잘못되고 저주스럽고 실수와 과오로 가득한 수치라고 송사한다. 나는 저들의 말과 행위가 사단의 것임을 단호히 지적한다.

나라의 기강이 흔들리고 있다. 국가의 수반과 위정자들의 역사관이 잘못되었다. 보통 심각한 일이 아니다. 하나님 우리의 죄악이 큼으로 이렇게 오늘 나라의 근간이 흔들리고 있습니다. 우리를 불쌍히 여기시고 이 나라에 하나님의 의와 공의, 진리와 생명이 빛을 발하게 하소서. 이 땅에 공산주의 거짓 사상이 발을 붙이지 못하게 하옵시고 역사의 주관자이신 하나님을 경외하는 신앙의 불길이 다시 한 번 임하게 하소서.

나라의 기강이 흔들리고 있다. 엊그제 과거 복무하던 부대방문을 하였는데, 연대장의 얘기인즉 군인들의 정신무장이 예전 같지 않다고 한다. 당연한 일이 아닌가? 우리는 그동안 정신의 싸움, 사상의 싸움에서 안이하였고 게을렀으며 무책임하였다. 대학생들에게 국가관을 물어보면 놀라지 않을 수 없다. 오늘날 대학생들은 군복무를 국가의 일방적이고 강압적인 힘의 논리라고 주장하는 이들이 있다. 기회만 있으면 외국으로 이민 가겠다고 당당히 말하는 이들이 부지기수다. 국가를 위한 의무나, 희생, 애국은 머나먼 얘깃거리가 되고 있는 듯하다. 누가 이렇게 만들었는가? 우리의 교육이, 우리의 가정들이 자라나는 젊은 청년들에게 애국과 국가의 정체성을 가르치지 못하였다. 역사를 가르치지 아니하고 가르쳐도 좌경화된 전교조식의 교육을 하는 마당에 어찌 이들이 이념적으로 병들지 아니

하겠는가?

나는 지난 대선에 즈음하여 TV에서 외국으로 골프여행 떠나는 이들을 보고 한국 보수층의 운명을 읽었다. 대선이 내일인데 골프깨나 칠 수 있는 사람들이 무더기로 골프여행을 떠난 것이다. 대한민국에서 우리는 경제적 성장과 자유를 구가하게 되었으나 오늘 우리가 누리고 있는 물질적 풍요와 자유의 소중함, 그를 위해 우리 아버지 세대가 흘린 땀과 피의 대가를 모르고 있다. 거저 찾아온 자유인 줄로 알고 있다. 거저 굴러 온 풍요인줄 안다.

엊그제 진료시간에 나이 든 노부부가 수술을 받으러 외래로 찾아왔다. 할머니 나이가 75세이니 할아버지 연세 또한 그쯤이리라. 그런데 할아버지 웃옷에 반짝이는 배지를 보았다. 시골 할아버지 옷차림에 눈에 띄는 배지였다. 할아버지는 거동이 불편한 몸이었다. 얘기를 듣고 보니 그분은 6·25참전용사였다. 강원도 최전방 어느 고지에서 24시간 쉬지 않고 전투를 벌이다가 온몸에 파편을 맞았다는 것이다. 잠시 듣는 전쟁의 참상……. 24시간 동안 고지를 탈환하기 위해 총구가 빨갛게 달아오르고 양손에 든 수류탄의 핀을 입으로 뽑느라 모든 이가 다 상하고 말았다……. 마침내 적들과 너무 가까워 총을 쏠 수도 없어서 총검으로 적을 찌르고 죽고……. 그때 살아남은 사람은 10명 중 한 사람도 안 된다는 것. 그 얘기를 듣고 진료실을 나가는 그 칠순의 아버지 뒷모습을 보면서 나는 눈시울이 뜨거워졌다. 이렇게 죽고 다치고 산화하신 이들 때문에 오늘 우리가 자유를 구가하고 있구나! 자유는 그냥 오는 것이 아니구나. 풍요도 그냥 오지 아니하였구나.

흔들리고 있는 나라의 기강을 어찌할 것인가!

기도하리라. 나라와 국가를 위해서, 기도 하리라! 하나님 이 백성과 나라를 돌아보소서. 하나님, 이 백성을 살리시고 영화롭게 하신 하나님, 이 백성을 제사장 백성 삼아 당신의 영광 나타내소서.

잠잠하지 말고 말하라

어제 수업시간에 강의를 마치면서 어제 아침 신문의 사설을 읽어 주었다. 맥아더 동상철거에 대한 동아일보의 사설을 수업 끝나기 5분 전에 읽어 주면서 이제 이 나라와 사회의 침묵하는 다수, 건전한 보수, 양식 있는 지성들이 잠잠하지 말고 바른 가치관과 역사를 말해야 함을 다짐하였다.

교수 생활 15년이 되었지만, 나는 극도로 정치적인 문제에서는 발언을 삼갔다. 그도 그럴 것이 내가 교수로 막 교단에 서던 당시 연세대학교 김동길 교수가 시국얘기를 한 것이 빌미가 되어 학생과 논쟁이 붙었고, 김동길 교수는 강단을 떠나게 된 일이 있었다. 나는 정치적인 발언을 일체 삼갔다.

그러나 알았다. 참된 가치관, 올바른 역사관, 진리를 말하지 않고 잠잠히 있는 것은 결코 용기 있는 일도, 바람직한 일도 아니다. 후진들에게, 자라나는 학생들에게, 젊은이들에게 진리를 가르치고 바른 역사관, 가치관을 가르치며 진리를 소리 높여 말해야 하리라.

나는 한국의 양식 있는 지성들이 나라와 민족과 내일을 위해서 진리의 말을 외쳐야 하리라 생각한다.

나 역시 잠잠하지 말고 말하리라.

한국의 양심과 지성과 신앙은 일어나 소리 높여 하나님의 말씀을 선포하자. 시대와 사람들을 기만하고 역사를 왜곡하는 세력에 대하여, 거짓 사상에 대하여, 단호히 진리를 선포하자. 침묵하는 하나님의 백성아 일어나 하나님의 말씀을 선포하자. 오늘날 우리 역사에 대해 혼돈된 거짓 사실을 주장하는 시대조류에 거슬러 바른 역사를 말하고 가르치자. 사람들을 기만하는 거짓 사상에 대하여 하나님의 진리를 선포하자. 말은 힘이다. 능력이다. 전쟁은 바로 사상전이다. 가치관과 역사관의 싸움이다. 잠잠하지 말고 말하자. 글로 쓰고, 언어로 선포하며 가르치고 권면하고 변론하자. 그래서 이 나라가 올바른 사상으로 무장한 견고한 진리의 터로 우뚝 서야 하리라. 사상교육, 정신교육, 인성과 가치관과 문화를 강조하자. 기술도 중요하지만 정신과 가치관이 바로 서지 못하면 사상누각이다. 교육의 핵심은 사상과 가치관이다. 역사와 인문이다. 과학이 여기에 세워져야 하리라. 우리의 그동안 경제발전과 성장에는 기독교신앙의 뿌리가 있었다. 오늘날 이 뿌리를 더욱 견고히 하자.

맥아더 동상은 우리의 영원한 승리 깃발이다

맥아더 동상은 우리의 영원한 승리의 깃발이다. 역사의 기념비요 민족의 기쁨이었고, 하나님의 살아계심이 공산 세력을 이 땅에서 물리친 장엄한 쾌거를 노래한다. 이것은 누가 지우려 한다고 지워지지 않는 가슴 속에 살아 있는 웅변이며, 노래며, 우리의 춤이다. 공산집단의 적화 야욕으로 한반도가 무너진 그날, 삼천리강산이 피로 물들고, 민족의 살과 피가 찢겨 흐트러지고 국운과 민족의 내일은 한 치 앞을 보지 못한 때에 그 이름 맥아더를 하나님은 강하게 하셨고, 그에게 용기와 지혜와 영감을 주셨다. 그리고 역사에 길이 남을 인천 상륙작전을 감행하여 적들의 기세를 진압하고 이 나라, 이 땅, 그리고 이 민족을 공산세력의 사슬로부터 자유롭게 한 사건이었다. 나는 그분의 동상을 직접 본 적은 없다. 그러나 내가 태어나고 자라면서 그리고 열심히 공부하고 일하고 나라를 배우며 민족을 배우며 역사를 알아가면서 맥아더는 우리의 은인이고, 친구며, 동지요, 영원한 사랑임을 알았다. 지금 맥아더 동상을 두고 보혁 갈등이라는 이름으로 보도되는 이 땅의 사상적 혼돈을 애통한다. 맥아더 동상을 철거하자고 하는 이들은 누구인가? 6·25의 처참한 전쟁의 참화 속에서 자유를 지킨 이들의 피와 땀을 우롱하는 자들은 누구인가? 민중은 때로 우매하다고 하지만 우매도 이런 우매가 없고, 사악한 것도 이런 사악한 것이 없다. 오라! 우리가 변론하자! 산천초목이 알고, 삼척동자가 아는 역사의 진실을 왜곡하고 부정하는 그대들의 정체는 무엇인가! 이 땅에서 자라나 땀 흘려 일구어 온 나의 삶을 두고, 양심을 두고, 지성과 학문과 이성을 다두고 그리고 나의 하나님을 의지하면서 나는 그대들의 우매와 사악함을 질책하노라. 공산당을 옹호하고 남침세력을 동조하는 자들은 들으라. 지금 북한에서 고통당하는 동족의 고통과 신음소리를. 이 땅에는 진리를 사수하는 수천의 진리 수호자가 목숨을 걸고 이 민족과 이 나라를 위해 기도하고 있다. 사상적 혼돈은 그저 죽어가는 뱀 꼬리의 파닥거림일 뿐이다. 하나님 이 땅과 이 백성을 축복하여 주소서.

6·25에 생각하는 조국이라는 이름

어려서 국군 장병 아저씨에게 쓰던 위문편지가 생각난다. 6·25가 돌아오면 학교에서는 포스터며 표어며 글짓기 대회를 열곤 하였다. 어린 시절 국군 장병 아저씨는 나라를 지키는 수호자요, 듬직한 우리의 힘이었다. 휴가를 나온 외삼촌의 군화를 보면서 느꼈던 자랑스러움, 또 군대에서 있었던 무용담을 지금도 기억한다.

"베트콩에 계시는 국군 장병 아저씨께!" 그 시절 베트남과 베트콩을 구분 못하던 어린 학생들이 자라서 어머니 아버지가 되고 이제 그 아들들이 국가의 부름을 받아 국방의 의무를 담당하고 있다.

언젠가 의과대학 강의시간에 「국가와 나」라는 제목으로 글을 쓰도록 했더니, 그 결과가 흥미로웠다. 소수의 학생들만이 국가관에서 긍정적이고 적극적인 반면, 상당수가 국가의 정체성이 빈약했다. 군복무를 국가의 일방적인 요구라고 주장하거나, 기회만 있으면 이 땅을 떠나서 외국에서 살고 싶다는 의견, 이 땅에서 태어난 것을 불만으로 생각하는 학생들도 있었다.

의과대학을 졸업하고 군의학교에서 9주간 군의후보 훈련을 받을 때였다. 『민족의 용틀임』이라는 정훈교재에 소개된 시(詩) 한 편을 교관이 읽어 주었다. "그대 왜 여기에 서 있는가" 기억이 가물거리지만 철책을 지키는 병사에게 묻는 이 시(詩)는 국가의 부름을 받아 눈보라치는 추운 겨울, 조국을 위해 희생하는 이 땅의 젊은이들에게 묻는 정체성의 시(詩)였다.

푸른 군복을 입는 순간, 나는 나의 몸이 이제 국가의 소유가 되었다는 사실을 알았다. 유사시 전쟁이라도 발발하면 나는 명령에 따라 전장(戰場)에 나아가야 한다. 그리고 국가를 위해 희생의 자리에도 기꺼이 서야 하는 국군이 된 것이다. 내가 국가의 소유가 되었다는 인식과 함께 나는 내가 밟고 있는 영천의 들판이 나의 땅임을 깨달았다. 군복무를 하면서 나는 국가와 나, 그리고 나와 국가의 운명적인 관계를 알게 되었고, 나는 조국에 대한 인식의 장이 열리기 시작하였다.

인생의 황금 같은 청년의 때를 군복무로 2~3년간 보내는 시간은 어찌 보면 아깝고 고생스런 시간임에 틀림없다. 그러나 나는 군복무 기간 동안 무엇으로 대신 할 수 없는 값진 것들을 얻었다. 나의 조국이 직면한 현실에 몸으로 동참(同參)하였으며, 이 땅의 젊은이들이 조국의 부름을 받아 군에 와서 어떤 고생을 하고 있는지를 보았다.

모두가 자기 집에서는 귀하고, 부모에게 어리광도 부릴 나이의 젊은이들이 겨울눈이 녹아 진흙범벅인 곳에서 침낭 하나에 몸을 의지하며 혹한기 훈련을 감당하던 모습, 쏟아지는 폭우 속을 판초우의로 군장을 싸 짊어지고 밤새 달리다시피 하던 공수훈련 행군의 길, 6박 7일을 폭염 속에서 걷던 천리행군…… 나는 지금도 그 시절을 생각하면 눈시울이 뜨거워진다.

누구 때문에, 무엇을 위해 그대 거기에 서 있어야 하는가? 조국의 이름을 위해서, 나의 조국이 나를 부르기 때문에, 나의 조국 내 아버지와 할아버지와 할아버지의 할아버지가 지켜오고 땅을 일구며 살아온 조상의 숨결이 숨어 있는 이 땅 삼천리강산 나의 조국이 부르기 때문에 그대 지금 거기에 서 있구나.

시대가 변하여 지구촌의 시대가 되었고, 인터넷과 과학문명이 발달하여 세계가 한마을처럼 되었어도 조국은 조국이며 나의 뿌리는 어디로 가는 것이 아니다. 조국의 언어가 있고, 조국의 흙냄새가 있으며, 조국의 산하가 우리의 시야를 채우고 있다. 내가 먹는 음식이 조국의 토양에서 났고, 말과 감성이 이 땅 조국의 음률을 가지고 있다. 미국에서 20년, 30년을 살아도 이 땅에서 어린 시절 학창시절을 보냈던 1세대들의 언어를 보면 여전히 조국의 사투리가 묻어 있는 영어를 쓰고 있다.

감성과 체질과 의식의 저변에 조국은 우리의 혼이 되어 심겨 있다. 이 땅의 산하, 나무와 풀과 물과 산과 들, 우리의 언어와 음식과 노래와 문화가 의식의 저변을 채우고 있다. 창의성과 영감이 이곳에서 나온다.

뿌리를 잃은 감성에서는 모조품은 나올 수 있지만 영감 넘치는 창의성이 표출되지 않는다. 그러므로 외국에서 살더라도 아이들에게 한국어, 모국어를 꼭 가르치고 한국어의 정서를 체득케 하는 것이 필요하다. 외국에 나아가 세계무대를 주름잡으려면 조국의 정서와 혼의 깊이에 뿌리를 내리고 그곳에서 솟아나는 영감을 덧입어야 하리라. 어설프게 미국 흉내 내고 미국사람이 되려고 할지라도 흉내는 내되 그 혼에서 샘솟는 정신과 감성의 생명력을 얻을 수 없는 것이다.

세계화를 꿈꾸려면 조국의 감성을 품어야 한다. 창의성은 조국의 언어와 정서와 혼과 토양에서 나온다. 생명력 있는 정신은 체질화된 감성의 언어로부터 출현한다. 그러므로 조국을 사랑하는 애국심과 그 사람의 위인 됨은 상관관계가 있다. 애국자가 위대한 일을 하게 된다. 조국을 등지고 부인한 채 역사에 남는 업적을 이룬 사람은 드물다. 그러나 위대한 인물들 중에는 애국자가 많았다. 우리의 자녀들을 조국을 사랑할 줄 아는 애국자들로 키우자. 조국의 혼과 정신, 감성과 체질을 익히고 조국의 언어에서 혼의 교감을 느낄 줄 아는 뿌리 깊은 인물들로 키우자. 조국을 사랑하는 법을 배우도록 군대에 보내자. 젊을 때 고생은 돈 주고도 못 산다고 하는 격언은 맞는 말이다. 한국은 군복무가 있기 때문에 강한 나라가 되었다. 6·25 이후 우리나라는 건국 이래 유래 없는 발전과 성장을 이루지 않았는가! 왜 군복무의 축복을 모른단 말인가! 6·25를 맞아 나는 조국을 생각한다.

우리 사회를 생각한다

국군의 날과 개천절이 낀 연휴 동안 강원도 화천군에 있는 부대방문 행사를 가졌다. 20여 년 만에 방문한 군부대에서 느껴 보는 감회가 크다. 그러면서, 나는 오가면서 느낀 몇 가지 우리 사회에 대한 단상을 얘기해 볼까 한다. 고속버스로 춘천에 도착한 나는 미리 예약해 둔 렌트 회사를 방문하여 승용차를 교섭하였다. 밤 여덟 시가 가까운 시간이었다. 나는 차를 교섭하면서 기본적인 항목, 즉 차량 출고시점과 보험가입 유무, 차량정비 기록을 확인하였다. 그런데 놀랍게도 내가 필요로 하는 정보를 아무것도 확인할 수 없었다. 달랑 차량등록증만 있는 것이다. 부랴부랴 보험회사에 전화해서 보험가입 여부를 확인하였으나 차량정비에 관한 정보는 기록한 자료도 없었을 뿐 아니라 담당자도 아무런 아는 바가 없다는 것이다. 승용차를 전문으로 대여하는 회사인데, 상당수의 차량을 보유하고 있으면서도 차량마다 관리 기록이 없다는 것도 이해가 안 되고, 지금까지 아무런 문제없이 회사를 운영하고 있다는 사실도 놀라울 뿐이었다. 회사 직원의 말은 더욱 가관인 게, 지금까지 이런 문제를 제기해 오는 사람은 한 사람도 없었다는 것이다. 밤은 늦었고, 이제 와서 다른 렌트 회사를 알아볼 상황도 아니어서 나는 차를 렌트하기는 했지만, 내가 운행해야 할 차량을 믿을 수 있는 정보가 아무것도 없이 배후령 고개를 넘어야 했다. 20년 만에 넘는 배후령은 포장이 잘되었고, 난간에는 안전 펜스가 설치되어 있었다. 밤안개가 짙은 배후령을 넘으니 아홉 시가 넘은 시간이었다. 부대에 도착하여 이런저런 일을 마치고 잠자리에 든 시간은 새벽 두 시가 다 된 시간이었으나 그 험준한 배후령을 다시 넘을 생각을 하니 불안한 마음을 어쩔 수 없다. 만에 하나라도 브레이크라도 파열되면 사고는 불을 보듯 뻔한데 나는 렌트한 차량에 대한 불안감을 지울 수 없었다.

우리 사회의 허점은 요소요소에 있다. 상주에서 일어난 사고를 볼 때도 나는 우리 사회가 안고 있는 문제가 언젠가 겉으로 표출될 뿐이지 근본적인 부분에 있어서 점검이 필요하다고 생각된다.

첫째, 전문성을 확보해야 한다.

대학교육이 보편화되어서 사회의 학력과잉이 심하다고 하지만, 실제적인 분야에서 전문성의 결여가 곧 사회적 부실과 문제로 들어 난다. 각 분야에서 자기가 하는 일에 대한 전문성을 가지고, 자기 일에 대한 긍지와 자부심, 전문성을 키워 가야 한다. 청소용역을 맡은 사람은 청소 분야의 전문성을 가져야 한다. 음식점은 요리와 식품에 있어서 전문성이 있어야 한다. 렌트 회사에서 일반인도 쉽게 생각할 수 있는 차량관리에 관련한 체계적인 시스템을 갖추는 것이 바로 전문성이다. 분만실에서 분만을 돕는 간호사가 오랜 경험으로 인하여 산모의 산통소리만 듣고도 분만이 어느 정도 진행되었는지 알 수 있는 것도 전문성이다. 전문성을 지닌 사람들이 각 분야에서 자신의 업무에 긍지를 가지고 임할 때 사회가 건강하며 발전한다. 상주에서 일어난 압사사고는 우선 큰 행사를 치루는 행사주최 측의 전문성 결여가 문제의 핵심이다. 주최 측은 행사를 진행하는 데 기본적인 안전망 확보에 결정적인 잘못을 저질렀다. 큰 행사에 대한 전문성이 없이 우선 행사만을 치르고자 하는 주먹구구식의 기획단계에서 사고는 예견된 일이었다. 전문성의 문제는 주최 측에만 국한된 문제가 아니다. 경찰과 지방자치단체가 이런 일을 예상하지 못했다면 이는 심각한 미숙함을 드러낸 것이다. 치안과 시민의 안전을 전문으로 하는 경찰이 이런 상황을 방관하였다면 이는 전문성의 문제와 함께 직무유기인 것이다.

우리 사회가 작은 일 하나하나에서 전문성을 키워 나가야 한다. 전문성을 키우기 위해서는 교육과 훈련이 적절해야 한다. 필요한 교육훈련이 체계적이고 효율적으로 이루어져야만 한다. 교육과 훈련을 등한시하면서 전문성을 확보하기란 쉽지 않다. 업무와 일의 성격에 따라 적절한 교육훈련이 상시화되고 습관화되어야 한다. 교육훈련의 체계가 사회의 근간을 이루도록 해야 한다. 마치 군에서 이등병이 들어오면 일등병과 상병, 병장이 단계적으로 업무를 습득하도록 하듯이 사회의 모든 분야가 체계화된 교육훈련의 분위기로 구축되어야 한다. 이를 감시하고 인증하는 제도적 장치가 마련되어야 한다. 이것이 국가와 사회의 전문성 수준을 좌우하는 사회적 기반인 것이다.

그런데 전문성을 확보하기 위한 교육훈련 시스템이 얼마나 충실하게 운용되는지를 점검해 볼 필요가 있다. 전문가를 인정하고 존중하며, 그 권위와 전문성을 사회가 지켜줄 수 있어야 한다. 아무나 의욕만 있으면 뭐든지 달려드는 아마추어리즘이 결코 자랑스러운 것이 아님을 인식해야 한다. 그래서 하찮게 보이는 일이라도 그 일의 전문성을 얻기 위해서 땀과 노력이 쌓여야 하고 오랜 경륜과 전통이 심겨야 하며, 그 일에 대한 자긍심과 철학이 필요함을 인식할 수 있어야 한다. 그럴 때 모든 사람이 자기 적성과 능력에 맞는 일에 종사하면서 긍지와 자부심으로 전문성을 지켜 나가도록 해야 한다.

그 일에 대한 분명한 소명의식과 직업철학이 있어야 한다. 우선 돈을 벌고 잠시 한탕주의식으로 그 일에 임할 때 전문성은 고사하고 그 일에 오래 종사하지도 못한다. 우리 사회가 일에 대한 직업철학에서부터 무엇인가 잘못되어 있기 때문에 일의 전문성보다는 결과와 이익을 우선시하는 분위기가 팽배하다. 결국 교육에서부터 단추가 잘못 끼워진 상황이다. 우리 사회의 각 분야 전문성 구축이 시급하다.

둘째, 윤리의식과 도덕성, 인성함양이 동반되어야 한다.

아무리 전문성을 확보하였다고 해도 윤리의식이 부재하고, 도덕성이 결여되었으며, 인성함양에서 문제가 있다면 사회가 건강한 것이 아니다. 오늘날의 사회는 전문성과 함께 높은 인성과 도덕성을 요구하고 있다. 오늘날의 인재는 전문성과 인성을 겸비한 사람이다.

자동차 렌트 회사가 높은 도덕성에 기초하여 신뢰를 바탕으로 회사를 운영해 온 전통과 믿음을 자랑하는 회사였다면 나는 구태여 차량정비 기록 등을 보고자 하지도 않았을 것이다.

그 회사의 전통을 믿고 신뢰하였으리라. 그런데 우리 사회의 모든 분야에서 신뢰할 수 없는 일들이 얼마나 많은가! 누굴 믿고 맡기며, 어떻게 그 차량이 부실투성이에 고물차량이 아니라고 말할 수 있겠는가! 눈앞의 이익을 위해서는 고물 차량을 새 차로 둔갑시키고, 가짜 휘발유도 마다하지 않는 것이 우리 사회 아닌가!

결국 신뢰만큼 큰 자산이 없는 것이다. 기업과 회사는 신뢰구축을 위해서 많은 노력을 경주한다. 그만큼 신뢰와 믿음을 주는 인성과 도덕성, 윤리 의식은 전문성 이상으로 중요하다. 상주에서 일어난 사고의 배후에는 기본적인 윤리와 도덕, 사람들에 대한 배려와 세심한 주의가 결여되었다. 오직 인기몰이와 이익에 급급하였다. 노약자와 어린이들에 대한 기본적인 배려가 있었다면 이런 사고는 막았을 것이다.

셋째, 리더십의 결여이다.

나는 이번 일들을 통해서 리더십의 중요성을 다시 한 번 실감한다. 모든 것을 두고 결국은 가장 중요한 부분이 리더십의 문제였다. 행사를 주관한 총 리더가 누구였는가? 그 리더가 어떤 안목과 경륜과 지혜를 가지고 그 일을 추진하였는가? 이것이 모든 것을 좌우한다. 상주에서 일어난 사고의 책임은 리더에게 있다. 왜 안전망 구축에 소홀하였는가?

아무리 작은 집단과 조직을 움직일지라도 리더가 있게 마련이다. 리더는 모든 일을 기획하고 관리하며, 감독한다. 그리고 안목을 가지고 일을 진행한다. 그런데 리더의 철학과 안목, 전문성과 도덕성에 문제가 있을 때 이는 실로 불행한 일이다. 리더십을 키우고, 각 분야 리더를 양성하는 일이 중요하다. 리더의 역량과 자질에 따라 전체의 운명이 좌우된다.

나는 그곳에 운집한 일만 명이나 되는 사람들 중에서 사태의 위험성을 미리 파악하여 주최 측이나 경찰에 미리 경고와 주의를 주거나, 아니면 직접 나서서 질서를 지키도록 주도한 사람이 없었다는 것도 아쉬운 점이다.

결국 이것은 리더십의 문제로 귀착된다. 학교에서 리더십을 가르치고 함양하도록 하며, 지도자를 키우는 일에 소홀하였다. 교육에 근본 문제가 있다.

전문성의 문제, 도덕성의 문제, 리더십의 문제로 귀결된다고 할 때, 결국은 이 사회의 문제가 교육문제임을 알 수 있다. 교육이 전문성 교육과 훈련에 역점을 두지 못하고 입시와 수능에 초점을 맞추었다. 교육이 도덕성 함양에서 실패하였다. 우리나라의 교육이 지도자 양성에서 문제가 있다. 국가는 교육문제에 철학과 목표를 새롭게 해야 한다. 학교가 살아야 한다. 학교에서 전문성을 교육하고 훈련시켜야 한다.

참으로 안타까운 일은 학교현장에서 역사를 가르치는 선생님이 편향된 역사의식을 심고, 학생들을 의식화시키고 있는 현장이 TV에서 목격된다.

우리 교육현장에서 왜곡된 역사관, 국가관, 세계관을 심는 무리가 존재하고 있다. 국가는 이런 문제를 고민하며 심도 있게 접근하여야 하리라. 최소한 학교교육의 근간은 국가가 지켜야 한다. 좌경화된 전교조 일부 교사들의 폐단을 최소화시켜야 한다. 이를 위해서는 이제는 시민단체와 NGO들이 나서야 한다. 현대 사회는 국가권력과 중앙정부의 힘이 약화된 반면 시민단체의 목소리가 중요한 역할을 하는 시대이다. 따라서 건전한 보수진영의 목소리를 모아서 교육과 정책에 반영하도록 적극적인 활동이 필요한 때이기도 하다.

지금까지는 주로 운동권과 좌경화 세력들이 목소리를 높였다. 그러나 이제 건전한 보수 진영에서 철학과 경륜을 가지고 소리를 발해야 하는 시대가 되었다. 진리 앞에 잠잠한 것은 비굴한 행위이다.

우리의 대비책은 무엇인가?

- 2006년 7월 6일 북한 미사일발사 실험에 즈음하여 -

북한의 미사일발사를 보면서 만약 전쟁이 일어나고, 북한이 스커드 미사일에 화학 탄두를 장착하여 한반도를 공략한다면 과연 어떤 일이 일어날 것인가는 생각하기도 싫다. 비단, 미사일 문제만이 아니다. 미사일은 현대전에서 그 정점을 차지하는 전력의 핵심인데, 북한은 이미 경제력을 바탕으로 하는 군사력의 한계를 미사일과 화생방전, 핵전으로 기선을 잡고 있다.

우리가 북한의 경제력 열세만을 감안하여 북한이 갖고 있는 가공할 위협을 간과한다면 우매도 그런 우매가 없을 것이다. 그나마, 미국을 기대어 우리의 국방력의 취약성을 극복해 왔지만, 최근 분위기는 한미 간의 연대마저 흔들리고 있다. 이러한 시점에서 북한에 대한 우리의 대응은 양면적이어야 함은 당연하다. 역사와 국제

정세와 국가 간의 역학은 항상 가변적이고, 예측불가능한 부분이 있기 때문이다. 더욱이 북한이라는 특수한 집단의 성향을 감안한다면 지금보다도 고차원적인 접근과 대비가 필요한 것이다. 북한에 대한 일방적인 적대와 냉전적 대응이 문제가 있는 것처럼, 북한의 동족애에 호소하여 햇볕정책 일변도 역시 얼마나 무상한 것인가를 직시할 필요가 있다.

기왕 북한의 미사일이 발사되었으니, 전쟁발발이라는 유사시에 우리의 대응책은 무엇인가를 고민해 보아야 할 것이다. 북한 미사일이 화두에 오른 이후 정부의 반응과 대응에 문제가 있다고 언론은 말한다. 국가의 전략이 이래서는 안 된다. 이스라엘이 중동지역에서 힘의 우위를 근간으로 생존 게임에서 결코 밀리지 않고 있음에서 보듯이, 힘이 있어야 외세와 적들의 밥이 되지 아니할 것은 명약관화한 일이다. 북한이 스커드 미사일을 발사체로 하여 화학탄 및 핵을 가지고 남한을 공략할 때 우리는 어떻게 대응하여 적의 공격을 무력화시킬 것인가? 일차적으로 이견이 없는 대응책은 정보력이다. 이번 미사일발사를 감시하고 또한 그 궤도를 추적한 것은 우리의 정보력이 아니라 미국과 일본이 소유한 공중 정찰기였으며, 동해상에서 북한 미사일을 감시하고 있는 미국과 일본의 이지스 함대였다. 우리는 정보 수집을 미국, 일본에 의존하고 있다. 그러므로 어떤 대가를 지불하고라도 우리 자체의 정보력을 확보해야 하며, 한미일 공동의 전력을 확고히 해야 한다. 자주국방을 말로만 내세우면서 속빈 강정처럼 한미공조는 망쳐 버리는 우를 저지르게 된다면 이는 실로 통탄할 일이다. 이번 미사일 사건으로 보아 알듯이, 일단 미국과 일본의 정보력으로 북한 미사일의 동태파악은 어느 정도 가능한 것이 판명되었다. 즉 발사체의 궤도추적까지는 가능하며, 발사순간을 포착하는 일은 가능한 것으로 판단된다. 그런데 문제는 일단 발사된 미사일을 방어하기란 쉽지 않으며, 미국도 미사일 방어에 있어서 한계가 있다는 사실이 알려지고 있다. 그러므로 미사일발사 징후를 포착하여, 발사 수분 전에 미리 타격하는 방법을 강구해야 한다. 즉 미사일발사가 예상되고 미사일발사 준비상황이 정확히 포착된다면 우리 측에서 북한 미사일을 사전에 타격하여 화학탄두나 핵탄두가 발사되기 전에 이를 무력화시키는 전략이 필요하다. 우리는 이런 전략전술을 개발하여야 할 것이다. 한반도의 지형적 특수성을 감안하여 북한이 미사일체를 발사하는 순간 실시간으로 우리가 미사일을 발사하는 요격체계를 개발하는 것도 필요하다. 즉 북한이 열대의 스커드 미사일을 발사하는 순간 우리도 같은 시간에 사전에 입력된 목표물을 향하거나 발사체를 향하여 미사일을 발사하는 것이다. 결국은 미사일의 위력과 정확도 등의 군사과학기술이 좌우하는 문제가 된다. 우리의 대북한 미사일 반응시스템을 구축하여 유사시 북한의 미사일이 발사되면 우리 역시 동 시간, 강력한 미사일이 북한 사령탑이나 공격핵심부를 향하여 발사된다는 전략전술 체계가 확보되어야 하는 것이다. 이는 결국 북한의 도발은 한반도의 초토화를 말하고, 북한이 함께 죽기를 각오하지 않는 한 전쟁을 일으키지 않을 것이라는 배수진 역할을 하게 된다. 이는 결과적으로 함께 살자는 얘기며 가장 강력한 햇볕 정책이 되기도 하다. 나는 특공부대에서 2년간 군의관으로 군 생활을 하였다. 지난 일이지만 그때는 북한이 무장공비를 내려보내면 우리도 동일하게 무장타격대를 보내는 응전의 개념을 구사하고 있었다. 다행히 그 전략전술이 한 번도 활용되는 것을 보지 못했는데, 돌이켜보면 그러한 공격적 전술이 북한의 태도에 강력한 메시지가 되었지 않는가 생각한다. 평화를 원하고 전쟁을 막아야 한다는 생각에 반대할 사람은 없다. 그러나 평화는 우리에게 적을 제압할 힘이 있을 때 가능하다. 우리에게 적을 능가하는 전략과 군사력이 있을 때 적은 우리의 햇볕정책에 화답하게 된다. 강도에게 힘이 있으면 당하게 되지만, 경찰에게 힘이 있으면 강도가 힘을 쓰지 못한다. 북한은 지금까지의 과거를 살펴보건대 위험한 집단이다. 그러므로 우리는 힘을 기르고 전략전술을 강화하며 만약 전쟁이 일어나도 적을 무력화시킬 수 있는 막강한 전투력을 유지해야 한다. 미사일이건 전투기이건 군사력의 확충과 개발에는 결국 국방비, 곧 경제력이 뒷받침해야 한다. 북한이 저렇게 미사일을 쏘아 대는 모습을 보니 얼른 생각나는 것이 북한의 국방력, 즉 힘이다. 만약 북한이 아사 직전에 있다면 미사일 한 방 쏠 생각을 하겠는가. 결국 인도주의가 되었든 민족공조가 되었든 북한에 들어간 우리의 소중한 혈세가 미사일이 되어 간담을 서늘케 한다는 사실도 주목해야 한다. 금강산관광, 개성공단, 철도연결이라는 명목으로, 남북 공동행사라는 명목으로 온갖 명분을 달아 북한에다 갖다 바치는 쌀과 비료와 돈은 북한 군사력으로 직결된다. 그들이 여전히 전쟁과 군사력을 체제유지의 수단으로 사용하고 있는 한 북한으로 들어가는 자금의 성격을 의심해야 한다. 지금까지 우리 정부가 애지중지하며 붙들고 있는 정책은 북한 미사일과 핵개발의 중요한 재원이 되었다고 본다. 금강산관광에서 쏟아붓고 온 돈들이 미사일이 되고 있다. 그러므로 북한을 지원하되 이러한 전략적 차원의 접근이 필요한 것이다. 그들을 지원한 만큼 북한의 민주화를 이끌어 내어서 기대효과를 노린다든지, 북한 주민의 의식변화를 유도한다든지, 북한의 군사력을 경제개발 쪽으로 유도하는 정책을 공동 추진한다든지, 이렇게 해서 북한의 근본적인 변화를 이끌어 내는 당근으로 사용해야지 대책 없는 햇볕정책은 화를 자초한다. 6·15선언을 이끌어 냈으나 그 후 변화된 것이 무엇이 있는가? 변화는 남쪽에서 일어나고 북은 변화가 없다는 우스갯소리가 들리지 않는가. 소위 말해서 좌파적 접근법이 북한의 변화와 개혁개방에 얼마나 공헌하였는가를 면밀히 분석하고 평가해 보아야 할 것이다. 그동안 우파적 대응, 소위 말해서 박정희 전 대통령이 추구하였던 대북정책과 남북관계에 대한 평가는 어느 정도 그 결론을 맺고 있다. 즉 분명한 점은 남북의 경제력으로 우리가 북한을 완전히 눌렀다는 사실이다. 그 경제력에 기초하여 국방력과 군사력, 전쟁 억지력이 구축되었다. 물론 한미관계의 틀 속에서 이루어졌다는 전제하에서이다. 그런데 지금은 한미관계도 예전과 같지 아니하며 대북한 정책이 바뀐 지 10년이 다 되간다. 10년이면 이제 서서히 그 평가를 해야 할 시점에 이른 것이다. 10년 동안 햇볕정책이 아무런 소용이 없었다고 할 수는 없을 것이다. 그동안 전쟁을 안고 살아가던 긴장의 끈이 평화의 분위기로 바뀐 것은 국민의 정부의 공로라고 생각된다. 그러나 햇볕정책의 공과는 그렇게 단순히 보고 넘길 것이 아니라는 생각이다.

금강산관광이 설악산관광보다 쉬운 시대가 되다 보니, 남한이 북한을 생각하는 사고의 변화가 지대하다. 북한을 괴뢰집단으로 보던 시각이 이제는 민족으로, 핏줄로 생각되며 적으로 보던 개념에서 이제는 적이 아닌 우리로 바라보게 되었다. 과연 이러한 시각의 변화가 우리에게 시사하는 바는 무엇인가. 이러한 가치관과 개념의 혼돈 가운데 위정자들과 나라의 지도자들은 남북한 상황이 주는 민족적, 국가적 난제에 대한 방향제시를 하고 있는가? 반면에 북한의 경우는 어떤가? 우리가 정신적 좌표 없이 남북한의 문제를 풀어 나갈 수 있는가? 남남갈등은 결국 이념갈등이고, 이념갈등은 우리 민족과 국가가 처한 역사적 상황의 부산물이다. 여기에서 우리는 민족적, 국가적 나아갈 방향을 수렴하고, 그 지표를 설정하며, 자라나는 젊은 세대를 교육하고, 우리가 안고 가야 할 역사적 과업에 직면해야 한다. 그런데 정신적 좌표가 흔들리고 있으며, 국가기강이 표류하는 모습을 보아 온 지가 어제 오늘이 아니다. 나는 지난해 맥아더 동상으로 말미암은 이념대립을 보고 남남갈등의 원인을 알게 되었다. 그것은 기존의 가치관에 대한 좌파적 사고와 세력의 횡포에서 발발하였다. 좌파적 사고를 가진 분들은 기존의 가치관을 송두리 채 무너뜨리려 하지 말고 그 가치관을 존중하는 가운데 더욱 발전적이고 창조적인 새 시대의 개념과 가치관을 제시해야 한다.

지난 김대중 정부에서 연평해전의 전공자(戰功者)를 좌천성 인사를 하여 전역시킨 일이 있었다. 북한의 요구에 따랐다고 한다. 이런 통탄할 일이 없다. 평화정책이 나쁘지 않다. 그러나 군은 전쟁을 대비한 집단이다. 그들이 전쟁을 대비해서 소신껏 싸우고 명예를 지킬 수 있도록 보장하지 않는다면 뭐 하러 군을 유지하는가?

북한 미사일발사를 보면서 우리는 그 미사일이 우리의 도시와 우리의 집과 우리의 머리 위에 떨어져 죽이는 폭탄이 된다는 사실을 생각하면 미온적으로 이를 바라볼 수 없는 것이다.

군 전역한 지가 언젠데 군 생활을 책으로 내느냐고 묻는다면 선뜻 대답하지 못할 것이다. 나 스스로에게 이 책을 쓰는 이유를 묻고 또 물어본다. 그러나 내 가슴 속에 아직도 살아 있는 함성(喊聲)이 있어서 나는 글로 쓰지 않으면 아니 되리라 싶어 이 글을 썼다.

군의학교에서 교육을 받을 때 모두들 말하기를 "군대 3년간 썩는다"고 하였다. 나는 그 말을 동의하기가 싫었다. 사실 군의관으로서 나는 참 고생을 많이 한 군의관이다. 그러나 이 책에서 썼듯이 나는 군 생활을 통해 많은 은혜를 체험하였다. 나는 87년 4월 전역을 하고 조선대학교 병원에서 전공의 과정에 이어 교수가 되고 대학병원에서 산부인과 의사로 근무하며 학생들을 가르치고 있다. 그런데 2년 동안의 702특공연대 근무 기간은 내 일생에서 가장 잊을 수 없는 시간들이 되고 있다. 그때 밤낮으로 행군하고, 공수 훈련과 강하훈련을 하던 일들, 강원도의 산야에서 군용 텐트 생활 하던 시절의 일은 내 일생에 가장 자랑스럽고, 내 정신의 근간에 살아 있는 시절이 되고 있다.

그래서 나는 한국인에게서 군(軍)은 한국인의 저력을 길러 주며 삶의 역동성을 획득하게 하는 유익한 기회라고 생각한다. 젊은이들 이 황금 같은 청년의 때 군(軍) 생활을 하는 것은 썩는 시간이 아니라 잠재력과 가능성을 심어 주는 황금 같은 기회라고 믿는다. 오늘날 조기유학으로 많은 학생들이 어려서부터 외국에서 공부하고 생활하는 것을 본다. 외국에서 많은 시간을 보낸 젊은이일수록 한국에서의 군 생활은 큰 유익을 주는 시간이라고 확신한다. 한국인은 한국의 언어와 정서를 발달시킬 때 창의성과 정신의 혼이 나온다. 문화란 바로 그런 것이다. 군(軍)이라는 의미가 한국 사회에서 부정적이고 소모적인 용어로 사용되고 있는 현실이다. 그러나 군 생활을 가만히 살펴보면 거기에는 돈으로 살 수 없는 보화와 기회가 숨어 있는 것이다.

돌이켜 보면 우리나라가 역사상 전례 없이 발전하고 세계무대에 나가서 우수성을 발휘하는 배경에 나는 군(軍)이라는 요인을 주목하고 싶다. 사회의 폐단이 군사문화의 잔재라고 말하는 사람들이 있다. 나는 이 말에도 주목한다. 군사문화가 우리 사회에 미치는 영향이 그만큼 크다고 하는 말이다. 그렇다면, 군사문화의 긍정적인 요소도 생각해 보아야 하지 않겠는가! 즉 군사문화를 부정적으로 이끌어 갈 때 그 영향력이 지대한 것과 동일하게 군사문화를 창조적으로 이끌어 간다면 그 잠재력이 어떠하겠는가!

군(軍) 생활이 우리에게 가르쳐 주는 것은 무엇인가?

첫째, 군(軍) 생활을 통해 법(法)과 명령(命令)을 배운다.

군대는 명령에 따라 움직이는 집단이다. 그래서 모든 행동과 신분이 명령에 따라 결정된다. 근무할 부대가 결정되는 것도 명령에 따르고, 입대와 전역이 명령에 의거한다. 휴가도 명령에 따라 이루어지고, 밥 먹고 자고 하는 것이 모두 명령이다. 이렇게 철저히 명령에 따라 생활하면서, 명령의 중요성과 의미를 배우게 된다. 사람은 법과 명령을 이해하고 스스로 이를 지켜 나갈 수 있는 자아가 형성될 때 비로소 건전한 시민이 된다. 법과 명령을 이해하지 못한 데서 범죄와 무질서와 불행이 초래되는 것이다. 남녀가 결혼하여 가정을 이루는 데도 보이지 않는 법과 명령이 존재한다. 즉 부부로서의 순결과 정절을 지켜야 하는 법이 있다. 남편은 아내를 사랑하고 아내는 남편을 존경하는 보이지 않는 명령이 존재한다. 이를 어길 때 가정이 파괴되고 불행이 초래된다. 어떤 사회나 집단이라도 이 법과 명령이 세워져야만 건강한 사회가 되고 질서와 평화가 유지되는 것이다. 남이 보지 않는다고 법을 어기고, 보이지 않는 사회적 명령인 규범을 무시한다면 그 사회는 병든 사회이고 그러한 사회에서는 사람들이 행복을 유지할 수 없게 된다. 군대 생활은 개인적으로는 많은 것을 희생하게 한다. 자유를 억압당하고, 시간과 젊음을 바쳐야 한다. 땀과 노동을 바쳐야 한다. 그런데 이것은 법과 명령을 지키고 따르는 대가인 것이다. 개인적으로 값비싼 대가를 지불하는 것이다. 그리고 법과 명령의 가치를 배우는 것이다. 법과 명령을 배우는 것이 남을 위한 것도 되지만 궁극적으로는 자신의 행복으로 귀결된다. 오늘날 자녀들에 대한 가정교육에서 법과 명령을 세우지 못함으로써 사회적으로 문제를 낳고 있다. 부모의 명령이 통하지 않는 아이들, 선생님의 훈계와 지시가 무시되는 학교생활, 국가의 법과 공권력이 땅에 짓밟히는 세태, 이러한 현상은 법과 명령을 배우지 못한 데서 오는 현상들이다. 법과 명령을 모르는 사람은 아무런 쓸모가 없다. 사회적으로 암(癌)적인 존재이다. 그런데 문제는 오늘날 갈수록 이런 종류의 사람들이 늘어 간다는 것이다. 군(軍) 생활은 법과 명령을 알게 해 준다. 우리는 군(軍)의

177
에필로그

현실적 의의를 국가안보에만 놓고 생각하기 쉽다. 그러나 군(軍)은 국가안보 이전에 개인과 사회와 인생과 삶의 근본문제인 법과 명령을 배우는 학교인 것이다. 인생을 살면서, 법을 모르고 명령의 의미를 모르는 사람은 불행한 사람이다. 왜냐하면 법과 명령이란 인생에서 생명을 지켜 주고 행복을 보장하는 최소한의 울타리 역할을 하는 것이기 때문이다. 법과 명령을 무시하고 자기 멋대로, 기분대로 살아가는 사람은 불행한 사람인 것이다.

둘째, 군(軍) 생활을 통해 전쟁을 배운다.

군(軍)이란 전쟁을 위해 존재하는 집단이다. 만약 전쟁이 없다면 군대의 존재의미는 퇴색하고 말 것이다. 전쟁을 대비하여 평상시에 준비된 집단이 군대이다. 그래서 군대에서는 전쟁을 대비한 모든 준비를 수행한다. 군에 발을 들여놓는 순간부터 군인은 전쟁을 뇌리에서 지울 수 없다. 만약 전쟁을 생각하지 않는 군인이 있다면 그는 군인이 아니거나, 아니면 군인답지 못한 군인일 것이다. 군(軍)에서는 전쟁을 위한 가상훈련을 한다. 전쟁에 대비한 방어진지를 구축한다. 전쟁을 위한 화력훈련을 한다. 전쟁에 대비한 작전계획을 연습한다.

그런데 이러한 전쟁을 배우는 일은 인생을 살아가는 데 매우 중요한 교육이다. 왜냐하면 인생은 그 자체가 전쟁이기 때문이다. 날마다 살아가는 것이 전쟁이다. 사업이 전쟁이고, 사회현장이 전쟁터이다. 우리는 군사용어가 일상생활에 많이 쓰이고 있다는 사실을 주목해야 한다. 학생들이 수능을 보아도 D-day-21일 등으로 전쟁용어를 쓴다. 수능 50일 작전, 수학 II의 공략, 영어의 완전정복 등등 공부하는 것에서부터 사업하는 데까지 전쟁용어를 쓰는 이유는 우리의 삶 자체가 전쟁이기 때문이다. 군 생활은 인생의 전쟁, 사업세계에서의 전쟁, 직장에서의 전쟁, 글로벌 경쟁시대에서의 전쟁을 수행하는 법을 배우게 하는 전쟁연습 학교이다.

예를 들면, 군에서 작전계획을 세운다. 이는 사업에서 사업기획을 세우는 일과 같다. 군에서 화력훈련을 한다. 이것은 영업사원이 실전훈련을 하는 것과 같다. 군에서 배운 훈련의 개념들이 사회에서 그대로 적용된다.

군에서 훈련된 전쟁연습은 생존현장에서 한국백성을 강인한 정신력과 생활력을 가지고 살아가게 하는 원동력이 되고 있는 것이다. 한국백성이 세계에서 전무한 경제발전을 이루고, 성장한 배경에는 군대 생활에서 형성된 강한 전투력이 바탕이 되었다고 생각한다.

셋째, 군 생활은 책임과 의무를 배우게 한다.

왜 한창 젊고 자유분방할 청년들이 군대에 와서 소중한 시간을 바쳐서 그토록 고생을 해야 하는 것인가? 그것은 바로 책임과 의무 때문이다. 국방의 의무를 수행하고자 대한민국의 젊은이들은 모두가 군대 생활의 희생을 감수하는 것이다. 살이 에이는 듯한 추운 겨울에 초병근무를 서는 이유가 무엇인가? 무더운 땡볕 아래에서 땀 흘리며 훈련을 감당하는 이유가 무엇인가? 그것은 책임과 의무 때문이다. 책임을 다하기 위해서, 의무를 수행하기 위해서 목숨 걸고 군 생활을 감당하는 것이다. 책임과 의무는 이토록 소중한 것이다. 인간이 책임을 모르고 의무를 소홀히 한다면 어떻게 되겠는가! 아버지가 아버지의 책임을 다하지 못하고, 어머니가 어머니의 의무를 팽개친다면 어떻게 되겠는가? 오늘날 젊은이들이 쉽게 사랑하고 쉽게 헤어지는 풍조로 인하여 성적인 문란과 가정의 문제가 많이 발생하고 있다. 젊은이들뿐만 아니라, 황혼 이혼도 있고, 또 건실한 가정들이 중년에 이르러 무너지는 경우를 보게 된다. 이것들의 근원적인 문제는 바로 책임과 의무를 소홀히 하는 풍조 때문이다. 어쩌면 인생에서 책임과 의무를 배우는 것보다 더 중요한 일이 있을까 하는 생각도 한다. 책임과 의무는 그만큼 중요하고 소중한 것이다. 그런데 군대 생활은 한국의 젊은이들에게 책임과 의무가 얼마나 크고 무겁고 중요한지를 2년간의 생활을 통해서 뼛속 깊이 새기도록 하는 것이다. 군 생활은 책임을 지는 법을 가르친다. 의무를 다하는 법을 가르친다.

넷째, 군 생활은 조국과 국가의 존재를 깨우쳐 준다.

사람은 얘기를 듣거나, 책을 읽어서 배우기도 하지만 몸으로 체험하면서 배우는 것이 가장 절박하게 심겨진다. 나는 영천 3사관학교에서 군의후보 훈련을 받으면서, 조국과 국가를 몸으로 배우게 되었다. 푸른 군복을 입고 군화를 신고 나니, 내가 밟는 땅이 내 나라의 땅이고, 내가 서 있는 이곳이 조국의 땅이라는 사실을 깨달았다. 내가 국가의 소유이므로, 내가 밟는 땅이 나의 땅임을 알게 되었다. 국가와 나의 관계가 설정이 되자 지금까지 몰랐던 전혀 새로운 시야가 만들어진 것이다. 책에서 읽거나 누가 말을 해서 그런가 보다 하는 것이 아니라, 내가 군복을 입고 국가의 소유가 되고 보니 국가와 나의 관계가 보이기 시작하였다. 조국이란 무엇이며, 나는 국가를 위해 무엇을 해야 하는지를 알게 되었다. 이것은 나에게 제2의 정체성을 확립한 계기가 되었다. 그래서 나는 외국에서 조기유학을 한 학생들은 반드시 고국에 돌아와서 군복무를 해야 한다고 생각한다. 만약, 어려서 고국을 떠나 외국에서만 살다 보면 나중에는 대한민국이라는 국가와 자신의 관계가 이방인과 나그네와 같은 서먹한 관계, 실리를 챙기기 위한 계산적인 관계로 설정되어서 진정한 뿌리, 진정한 자아 정체성을 찾지 못하고 방황하는 인생이 되기 쉬운 것이다. 대한민국과 나의 관계가 조국과 나의 관계로 정체성의 뿌리가 견고한 사람은 세계 어디를 가서도 분명한 아이덴티티(Identity)를 가지고 한국인의 혼에서 우러나오는 정신과 문화의 창조성을 발휘한다.

다섯째, 군(軍)은 언어(言語)와 정신(精神)의 학교이다.

"안되면 되게 하라" 이것이 우리나라 산업화를 이끌어 온 정신적 뿌리이자 역동성의 근원이었다. 이러한 정신은 바로 군(軍) 생활에서 배운 것이다. 젊은이들이 60만 명이나 모인 곳이 군대인데, 이곳에 어떤 형태의 정신적 흐름이 형성되면 이것은 역사를 창조하고 세계를 변혁시키는 힘이 된다. 이렇게, 군(軍)은 역사창조(歷史創造)의 주체(主體)가 될 수 있고, 문화창달(文化創達)의 산실(産室) 역할을 할 수 있다. 지금 우리나라 사람들의 교육열은 대단하여 세계 어디든지 유학생들이 나간다. 그런데 조기에 유학을 떠난 젊은이들은 우리의 언어와 문화에 취약하다. 이들에게 고국에서의 군(軍) 생활은 우리의 혼과 정신을 배우는 학교인 것이다.

귀한 가정에서 어려움을 모르고 성장한 젊은이들이 인내와 고난과 자기부인과 복종을 배울 수 있는 곳이 군대이다. 섬김만 받고 자라 온 젊은이들이 희생과 섬김, 봉사와 협동을 배울 수 있는 곳이 군대이다. 군대는 국가가 제공하는 체육대학이다. 군대는 규율과 기강을 배우는 인성교육 학교이다. 군대에서 한 조각의 빵이 얼마나 귀한가를 배우고, 추위와 배고픔이 얼마나 힘든 것인가를 체득한다. 국가란 무엇이며 조국이란 어떤 것인가를 배우는 곳이다. 전우의 소중함을 배운다. 책임감을 배운다. 한 사람의 성인으로서 역할과 의무를 배운다.

군대(軍隊)도 많이 변했다. 과거와 같이 강압적이고 비인간적인 구타나 가혹행위가 없어진 반면에, 힘들고 고된 훈련에 대한 병사들의 자세가 옛날 같지가 않다고 한다. 지난 번 특공부대를 방문했을 때 연대장이 하는 얘기가 생각난다. 연대장은 요즘엔 특공부대의 상징인 천리행군이 없어졌다는 것이다. 이유인즉 병사들이 천리행군을 두려워한 나머지 천리행군을 앞두고 자살을 시도하는 병사마저 나온다고 하였다. 그래서 천리행군을 없앴다는 것이다. 이 말을 듣고 놀라지 않을 수 없었다. 요즘 병사들의 사고방식과 생활양식이 어떠한가 짐작할 수 있었다. 갈수록 사람들의 삶의 양식이 쉽고 편한 것만을 추구한다. 젊은이들이 고난을 싫어하고 의미와 명분보다는 실리와 현실적 유익을 택한다. 문명의 이기로 인하여 사람들의 생활수준과 삶의 양식이 과거와는 천지 차이가 있다. 고생을 모르고 자기를 부인하거나 절제하는 훈련 없이 귀하게 성장한 젊은이들 중에는 규율과 통제와 인내를 요하는 환경에 적응하지 못할 때가 많다. 이러한 시점에서 우리는 군(軍) 생활의 의미와 가치를 다시 생각해 볼 필요가 있다. 군(軍) 생활은 안보와 국방의 의무뿐만 아니라 인격연단(鍊鍛)의 기회이기도 하다. 폐일언하고 나의 군 생활은 하나님의 은혜와 도우심으로 내 인생의 빛나는 감격과 보배가 되었다. 이 책은 나의 군 생활의 감동을 기록한 소감(所感)이다.

송창훈

▌약 력

조선대학교 의과대학 졸업(1983)
해남병원 인턴(83~84)
육군 군의관(84~87, 육군대위 전역)
조선대학교병원 전공의 수료(산부인과 전문의)
전남대학교대학원(의학박사)
조선대학교 의과대학 교수 발령(1991)
미국 University of Illinois at Chicago 산부인과 방문교수로 1년간 연구(1996~1997)
대한산부인과학회 정회원
대한산부인과학회 이사 역임
조선대학교 산부인과 과장 역임
現, 조선대학교 의과대학 교수(산부인과, 의학교육학과)
現, 대학생성경읽기선교회 책임목자(UBF광주7부)
現, (주)JB줄기세포연구소 대표이사

▌저 서

고위험임신(조선대학교 출판부)
조산아관리현황과 정책방안(집문당)
현대의학이 직면한 패러다임의 변화(한국학술정보(주))
글쓰기로 세계를 정복하라(이담북스)

야전 군의관의 병영기록
파로호의 *젊은 함성*

초판인쇄 | 2009년 2월 20일
초판발행 | 2009년 2월 20일

지은이 | 송창훈
펴낸이 | 채종준
펴낸곳 | 한국학술정보㈜
주 소 | 경기도 파주시 교하읍 문발리 513-5 파주출판문화정보산업단지
전 화 | 031) 908-3181(대표)
팩 스 | 031) 908-3189
홈페이지 | http://www.kstudy.com
E-mail | 출판사업부 publish@kstudy.com

등 록 | 제일산-115호(2000. 6. 19)
가 격 | 12,000원

ISBN 978-89-534-1224-8 03330 (Paper Book)
       978-89-534-1225-5 08330 (e-Book)